Inhalt

Vorwort

Ich habe meine Sportsachen vergessen!

Jede Sportlehrkraft kennt es nur zu gut: Auf dem Weg zur Sporthalle eilen bereits mehrere Schüler:innen auf einen zu und erzählen vollumfänglich die abenteuerlichsten Geschichten, warum sie heute ihre Sportsachen vergessen haben, beziehungsweise warum sie heute nicht mitmachen können. Die gut organisierten unter ihnen haben den Entschuldigungszettel schon in der Hand, den anderen rennt man auch nach Wochen noch vergebens hinterher. Anschließend sitzen die Schüler:innen passiv auf der Bank und werden, abhängig vom Alter, häufig zur Störungs- und Ablenkungsquelle.

Es gibt viele Gründe, warum Schüler:innen nicht aktiv am Sportunterricht teilnehmen können – und das in fast jeder Sportstunde. Im Alltagsgeschehen läuft es dann häufig darauf hinaus, dass ein Teil der Schülerschaft völlig unbeteiligt am Rand sitzt oder sich mit fachfremden (z. B. Hausaufgaben in anderen Fächern, Vokabel lernen) oder gar schulfremden Inhalten (z. B. Malen, Musik hören) beschäftigt.

Die folgenden Aufgaben aus *SOS – Schüler:innen ohne Sportzeug* haben den Anspruch, solchen Szenarien sinnstiftend entgegenzuwirken. Alle Aufgaben haben einen thematischen Bezug zum Fach Sport und können vorab kopiert oder ausgedruckt werden. Bei Bedarf können sie dann ohne jegliche Vorbereitung, flexibel und spontan, an Lernende ausgegeben werden.

Einige Aufgaben bieten sich an, z. B. als Alternative zur Praxisnote, gegebenenfalls auch bewertet zu werden. Um die Motivation der Schüler:innen zu unterstützen, hat es sich in der Praxis bewährt, ihre Ergebnisse in den Unterricht zu integrieren z. B. als kleinen Vortrag oder als Quiz am Ende der Stunde. Einige der Aufgaben sind sogar so konzipiert, dass inaktive Schüler:innen durch das Gelernte direkt konstruktiv zum Unterricht beitragen können z. B. als Schiedsrichter:innen im Volleyball, weil vorab die Zeichen gelernt wurden.

Ziel von *SOS – Schüler:innen ohne Sportzeug* ist es, jeden einzelnen Schüler und jede einzelne Schülerin, im Sinne des Doppelauftrags des Sports, auch unter suboptimalen Bedingungen sinnvoll am Sportunterricht teilhaben zu lassen und somit ihre Lernentwicklung auch dann noch zu unterstützen, wenn sie nicht aktiv teilnehmen.

Aufgaben für die Unter- und Mittelstufe

Unterstufe	Zeitrahmen	Zusatzmaterial
	ca. 45 – 60 Min.	Stifte zum Schreiben und Malen

Baderegeln

Egal ob im Sommer am See, im Urlaub am Meer oder bei schlechtem Wetter im Hallenbad – es macht einen Riesenspaß zu schwimmen, zu baden, zu rutschen und im Wasser zu toben. Damit das sicher abläuft, müssen sich alle an Regeln halten – die so genannten Baderegeln. Diese Regeln wurden von der Deutschen Lebens-Rettungs-Gesellschaft e.V., kurz DLRG, verfasst. Die Aufgabe der DLRG ist es, den Badespaß zu einem sicheren Vergnügen zu machen und im Ernstfall Menschen zu retten. Aber so weit soll es am besten gar nicht erst kommen. Wenn du dich nämlich an die Baderegeln hältst, kannst du die Risiken im Wasser vermindern und damit das Badevergnügen ganz und gar genießen.

Lies die DLRG-Baderegeln aufmerksam durch.

1. Gehe nur zum Baden, wenn du dich wohlfühlst. Kühle dich ab und dusche, bevor du ins Wasser gehst.
2. Gehe niemals mit vollem oder ganz leerem Magen ins Wasser.
3. Gehe als Nichtschwimmer nur bis zum Bauch ins Wasser.
4. Rufe nie um Hilfe, wenn du nicht wirklich in Gefahr bist, aber hilf anderen, wenn sie Hilfe brauchen.
5. Überschätze dich und deine Kraft nicht.
6. Bade nicht dort, wo Schiffe und Boote fahren.
7. Bei Gewitter ist Baden lebensgefährlich. Verlasse das Wasser sofort und suche ein festes Gebäude auf.
8. Halte das Wasser und seine Umgebung sauber, wirf Abfälle in den Mülleimer.
9. Aufblasbare Schwimmhilfen bieten dir keine Sicherheit im Wasser.
10. Springe nur ins Wasser, wenn es frei und tief genug ist.

https://www.dlrg.de/informieren/freizeit-im-wasser/baderegeln/

Suche dir nun drei Baderegeln aus, die du besonders wichtig findest und unterstreiche sie in einer Farbe deiner Wahl.

Male zu einer der Baderegeln ein Bild, auf dem du die Baderegel darstellst (siehe Beispiel). Schreibe die Baderegel dazu.

Beispielbild zu Baderegel Nr. 7:
Bei Gewitter ist Baden lebensgefährlich. Verlasse das Wasser sofort und suche ein festes Gebäude auf.

Schreibe nun einen Rap, in dem die Baderegeln vorkommen. Damit fällt dir das Merken der Baderegeln leichter.

So könnte dein Anfang lauten:

Hey man, hört euch das hier echt mal an,
denn jetzt kommt es richtig fett, mit dem Baderegel-Rap.
Hast du eben grad gegessen, dann solltest du das Baden nun …

Unterstufe	Zeitrahmen	Zusatzmaterial
	ca. 45 – 60 Min.	Stifte zum Schreiben und Malen

Fairness im Fussball I

Unfaires Verhalten im Fußball findet man bei den Profis genauso wie im Hobbysport. Spieler:innen verletzen sich durch unangebrachte Härte, es kommt zu Gerangel und Betrug. Damit Fußball zu einem spannenden und interessanten Kräftemessen wird, braucht es die Mithilfe aller Beteiligten. Nur wenn alle sich an die Regeln halten, macht Fußball richtig Spaß.

Im Raster findest du alle Buchstaben des Alphabets – es fehlen jedoch fünf. Bringe die fehlenden Buchstaben in die richtige Reihenfolge und finde heraus, welcher Erstliga-Fußballverein in der Saison 2021/22 die meisten Fouls am Gegner begangen hat.

F	K	D
Q	S	X
V	B	O
H	J	P
R	U	E
C	T	Y
W	G	L

Lösung					

Überlege kurz und sammle schriftlich deine ersten Gedanken zu folgenden Fragen:

Warum braucht es im Fußball, und in allen anderen Sportarten, Regeln?

Unterstufe	Zeitrahmen	Zusatzmaterial
	ca. 45 - 60 Min.	Stifte zum Schreiben und Malen

Wie sieht faires Verhalten im Fußball aus?

Wie sieht unfaires Verhalten im Fußball aus?

In jeder Sportart gibt es Regeln. Diese gehen im Eifer des Gefechts manchmal leicht unter. Damit sie eingehalten werden, gibt es im Fußball Schiedsrichter:innen. Diese versuchen nach bestem Wissen und Gewissen, das Spiel so zu leiten, dass die Regeln von allen Spieler:innen eingehalten werden. Weil Spielsituationen komplex sind, ist diese Aufgabe, wie du dir sicher vorstellen kannst, nicht immer ganz einfach. Beim Profi-Fußball kann der:die Schiedsrichter:in bei schwierigen Entscheidungen einen Video-Beweis hinzuziehen. Im Hobbysport ist das aber in der Regel nicht der Fall. Es kann also vorkommen, dass Schiris Fehlentscheidungen treffen.

Beantworte nun die folgenden Fragen:

Wie verhältst du dich, wenn der:die Schiri etwas pfeift, mit dem du nicht einverstanden bist?

Wie sieht es mit deinem eigenen Fair-Play-Verhalten aus? Setze ein Kreuz.

immer fair — meist fair — manchmal fair — nie fair

Wie sieht es mit dem Fair-Play-Verhalten deiner Klasse im Spiel aus? Setze ein Kreuz.

immer fair — meist fair — manchmal fair — nie fair

Unterstufe	Zeitrahmen	Zusatzmaterial
	ca. 45 - 60 Min.	Stifte zum Schreiben und Malen

Wem in deiner Klasse würdest du einen Preis für faires Verhalten geben? Warum?

____

____

____

____

Wie kannst du in der nächsten Sportstunde ein besonders faires Verhalten zeigen?

____

____

____

____

Gibt es eine Sportart/ein Spiel aus deinem Sportunterricht, bei dem besonders oft Regelverstöße vorkommen? Warum gerade bei diesem Spiel?

____

____

____

____

Male nun ein eigenes Bild mit Personen, die sich sportlich oder fair verhalten.
Die Sportart/das Spiel kannst du dir aussuchen. Nutze dazu ein Extrablatt oder die Rückseite.

Unterstufe	Zeitrahmen	Zusatzmaterial
	ca. 60 – 75 Min.	Stift, Extrablatt

Redewendungen aus der Welt von Sport und Bewegung

Pierre und seine Familie sind erst vor einem Jahr von Frankreich nach Deutschland gezogen. Heute hatte er nach dem Unterricht ein Gespräch mit seinem Klassenlehrer Herr Förster. Eigentlich mag Pierre Herrn Förster sehr gerne, nur leider versteht er ihn häufig nicht so richtig. Heute verlief das Gespräch ungefähr so:
„Lieber Pierre, ich finde es super, dass du am Ball bleibst und dich nicht unterkriegen lässt. Ich weiß, es ist nicht einfach für dich, aber dein Deutsch wird täglich besser. Deine Noten sind momentan zwar noch nicht so gut, aber dass ist kein Grund das Handtuch zu werfen. Auch wenn ich mich auf dünnem Eis bewege, werde ich mich für deine Versetzung stark machen, versprochen. Vermutlich werden die anderen Lehrer im Dreieck springen, aber das ist mir egal, ich setze mich trotzdem für dich ein, auch wenn ich hier gegen den Strom schwimme. Ich kann nicht leugnen, dass du spitz auf Knopf stehst, aber ich sehe dein Potential und hoffe sehr, dass die anderen Lehrer am Ende nach meiner Pfeife tanzen und schön den Ball flachhalten. Toi, toi, toi."
Als Pierre aus der Schule kommt, ist er ziemlich betrübt. Was bedeuten nur all diese Sprichwörter? Zu gerne hätte er gewusst, was der Lehrer ihm genau sagen wollte.

Hilf Pierre zu entschlüsseln, was Herr Förster genau gemeint hat:

Am Ball bleiben bedeutet so viel wie ______________________________

____

Das Handtuch werfen bedeutet so viel wie ______________________________

____

Sich auf dünnem Eis bewegen bedeutet so viel wie ______________________________

____

Im Dreieck springen bedeutet so viel wie ______________________________

____

Gegen den Strom schwimmen bedeutet so viel wie ______________________________

____

Spitz auf Knopf stehen bedeutet so viel wie ______________________________

____

Nach jemandes Pfeife tanzen bedeutet so viel wie ______________________________

____

Den Ball flach halten bedeutet so viel wie ______________________________

____

Toi, toi, toi bedeutet so viel wie ______________________________

____

Unterstufe	Zeitrahmen	Zusatzmaterial
	ca. 60 - 75 Min.	Stift, Extrablatt

Wir benutzen in unserem Alltag häufig Redewendungen, ohne dass es uns groß auffällt. Viele der Redewendungen kommen, wie die von Herr Förster verwendeten, aus dem Bereich Sport und Bewegung. Auch wenn wir sie täglich verwenden, wissen die wenigsten, woher diese Redewendungen eigentlich stammen. Finde im Folgenden mehr dazu heraus.

Die Redewendung „im Dreieck springen"

Woher könnte diese Redewendung stammen? Schreibe hier deine Vermutung auf:

____

____

____

____

Lies nun die folgende Erklärung und erfahre mehr über die Herkunft der Redewendung. Hattest du recht mit deiner Vermutung?

Um das Jahr 1850 herum ließ König Friedrich Wilhelm IV. in Berlin ein Gefängnis bauen. Dieses Gefängnis bestand aus ganz vielen kleinen Zellen, in denen die Häftlinge einzeln untergebracht wurden. Dies war zu dieser Zeit eine Neuheit, denn zuvor hatten Gefängnisse große Räume, in denen die Gefangenen alle zusammensaßen. Mit den kleinen Einzelzellen wollte man verhindern, dass die Häftlinge gemeinsam etwas ausheckten. Selbst auf dem runden Hof konnten sich die Gefangenen nicht treffen, denn auch dieser war in kleine dreieckige Höfe unterteilt. Umgeben von hohen Mauern fühlten sich die Gefangenen sehr einsam und nicht selten hatten sie schlimme Wutausbrüche. Vor lauter Frust sprangen und tobten sie auf dem Hof herum. Da die Höfe die Form eines Dreiecks hatten, entstand für schlimme Wutanfälle schon bald die Redewendung „im Dreieck springen".
Übrigens: Teile des Gefängnisses können noch heute im Berliner Geschichtspark besichtigt werden.

Die Redewendung „das Handtuch werfen"

Woher könnte diese Redewendung stammen? Schreibe hier deine Vermutung auf:

____

____

____

____

Lies nun die folgende Erklärung und erfahre mehr über die Herkunft der Redewendung. Hattest du recht mit deiner Vermutung?

Es ist der 30. September 1975. Zwei weltberühmte Boxer treffen in Manila, der Hauptstadt der Philippinen, zusammen. Es sind der amtierende Weltmeister Muhammad Ali und sein Kontrahent Joe Frazier aus den USA. Es

wird der letzte Kampf sein, den die beiden gegeneinander kämpfen und er wird in die Geschichtsbücher des Boxens eingehen.
Beide Boxer geben in diesem entscheidenden Kampf alles. In der Halle hat es fast 40 Grad und die Stimmung kocht. In der 14. Runde schafft es Ali mehrere harte Schläge zu platzieren. Frazier, dessen Augen davon so zugeschwollen sind, dass er kaum noch etwas sehen kann, fängt an zu torkeln. In diesem Moment fliegt ein weißes Handtuch in den Ring. Geworfen von Fraziers Betreuer, als klares Signal an den Schiedsrichter den Kampf abzubrechen. Joe Frazier muss aufgeben und verliert den Kampf.
Wenn im Boxen ein Handtuch in den Ring geworfen wird, bedeutet das, dass man einen Sieg für vollkommen aussichtslos hält und deshalb aufgibt. Aus diesem Grund wird die Redewendung „ich werfe das Handtuch" auch heute noch in Situationen verwendet, die einem keine andere Wahl lassen, als aufzugeben.

 **Bearbeite *eine* der folgenden Aufgaben:**

Aufgabe A

Suche dir eine der oben erklärten Redewendungen („im Dreieck springen" oder „das Handtuch werfen") aus und erfinde eine Geschichte über die Herkunft dieser Redewendung. Gestalte deine Herkunftsgeschichte so realistisch wie möglich, damit du deine Mitschüler:innen damit auf die falsche Fährte locken kannst.
Am Ende der Sportstunde liest du deinen Mitschüler:innen dann alle drei Geschichten (deine erste Vermutung, die wahre Geschichte und deine erfundene Geschichte) über die Herkunft der Redewendungen vor und lässt sie raten, welche die erfundene ist.

Aufgabe B

Sammle in einer Liste zuerst alle weiteren Redewendungen, die du kennst.
Schreibe nun eine selbst erfundene Geschichte und verwende darin so viele Redewendungen wie möglich.
Am Ende der Sportstunde liest du den anderen deine Geschichten vor. Schaffen sie es mitzuzählen, wie viele Redewendungen du eingebaut hast?

Unter-/ Mittelstufe	Zeitrahmen	Zusatzmaterial
	ca. 45 – 60 Min. (mit Zusatzaufgabe 75 Min.)	Stifte, Extrablatt, evtl. Material aus der Sporthalle

Baue deine eigene Minigolfanlage

Was weißt du über Minigolf? Schreibe alles, was du bereits weißt, in Stichpunkten auf. Falls du zu wenig Platz hast, nutze die Rückseite.

____

____

____

____

Finde noch mehr über Minigolf heraus, indem du den folgenden Text liest.

Minigolf: Eine Sportart von Groß bis Mini

Wie du sicherlich schon weißt, versucht man beim Minigolf, den Ball mit möglichst wenigen Schlägen ins Ziel zu bewegen. Alle 18 Bahnen sind so gebaut, dass dies mit einem Schlag zu schaffen ist. Braucht man nur diesen einen Schlag, nennt man ihn auch Ass. Damit ein Ass häufig gelingt, braucht es Übung und Geschick. Wenn du noch kein Minigolf-Profi bist, wird es in der Regel mehr als einen Schlag brauchen, um den Ball ins Loch zu befördern. In diesem Fall wird der Ball von dort weitergeschlagen, wo er zuletzt liegengeblieben ist. Für jeden Schlag gibt es einen Punkt. Ist der Ball nach sechs Schlägen nicht versenkt, endet der Versuch und es werden 7 Punkte für den Spielenden aufgeschrieben. Am Ende gewinnt, wer die wenigsten Punkte gesammelt hat. Man geht bei diesem Spiel deshalb besser nicht auf Punktejagd. Manchmal passiert es, dass der Ball bei einem Schlag die Abgrenzung der Bahn verlässt oder so nah an der Bande liegenbleibt, dass man ihn nicht mehr spielen kann. Für das Minigolfspiel in der Schule gilt dann folgendes:

- Verlässt der Ball über die Bande die Bahn, muss er erneut vom Startpunkt aus gespielt werden.
- Bleibt der Ball an der Bande liegen, darf man ihn um 5 – 8 cm (faustbreit) verschieben.
- Gibt es keine Bande, muss jeder neue Schlag vom Startpunkt aus erfolgen.

Soweit zu den Regeln – aber hast du gewusst, dass Minigolf in der Schweiz erfunden wurde? Genauer gesagt von einem Mann namens Paul Bongni. 1954 eröffnete er die erste Anlage in Ascona am Lago Maggiore. Bongni war von Beruf Gartenarchitekt. Er normte die Bahnen: Das bedeutet, er legte genau fest, wie jede einzelne der 18 Bahnen auszusehen hatte. Dadurch konnten Spielerinnen und Spieler überall unter gleichen Bedingungen üben und ihre Leistungen vergleichen. Da Minigolf den Menschen Spaß machte, Kinder wie Erwachsene begeisterte, verbreitete es sich schnell. So kam es, dass es 1962, also 8 Jahre nach der Eröffnung der ersten Bahn, bereits 120 Minigolfanlagen in Europa gab. Seit 1959 gibt es im Minigolf Europameisterschaften und seit 1991 sogar Weltmeisterschaften. Die deutsche Nationalmannschaft im Minigolf ist sehr erfolgreich: Beispielsweise konnte sie bei der Weltmeisterschaft 2022 drei Gold-, zwei Silber- und eine Bronzemedaille erspielen und war damit sehr erfolgreich.

Markiere die wichtigsten Regeln im Text und mache dir gegebenenfalls eigene Notizen dazu. Anhand deiner Markierungen und Notizen wirst du später deinen Mitschüler:innen die Regeln des Minigolfs erklären.

Zeitrahmen	Zusatzmaterial
ca. 45 – 60 Min. (mit Zusatzaufgabe 75 Min.)	Stifte, Extrablatt, evtl. Material aus der Sporthalle

Plane deine eigene Minigolfanlage. Entwirf mindestens 5 und maximal 18 abwechslungsreiche Minigolfbahnen und gib jeder Bahn einen passenden Namen. Achte dabei auf folgende Punkte:

- Jede Bahn braucht einen markierten Start und ein klares Ziel (z. B. offenes Kastenteil, liegendes Hütchen, Reifen, etc.). Vielleicht fallen dir ja noch andere Ziele ein.
- Entscheide für jede Bahn, ob sie eine Bande (z. B. mit Seilen wie in Bsp. 1) bekommt oder nicht. Bedenke: Bei einer Bahn ohne Bande (Bsp. 2) muss jeder neue Versuch wieder vom Startpunkt aus gespielt werden.

Hier siehst du zwei Beispiele, wie eine Minigolfbahn in der Sporthalle aussehen könnte. Ziel ist jeweils der Reifen. In Beispiel 1 muss der Ball im Reifen liegen bleiben. In Beispiel 2 muss der Ball durch den Reifen gespielt werden.

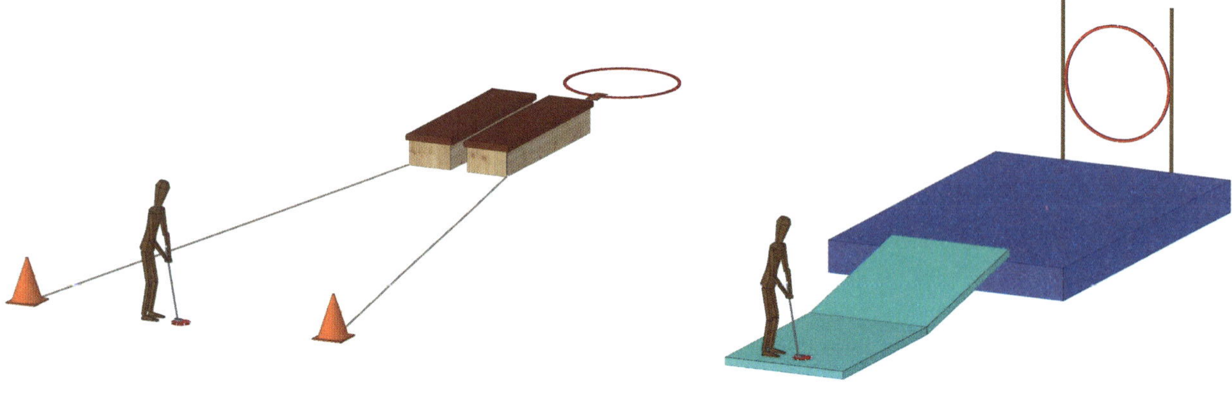

Beispielbahn 1: mit Bande

Beispielbahn 2: ohne Bande

(Jeder Versuch startet vom Startpunkt)

Hast du noch keine Ideen? Dann lass dich inspirieren von den Geräten in deiner Sporthalle. Aber Achtung – weniger ist oft mehr! Denn auch beim Bahnenbauen gilt: Keep it simple!

Zeit übrig? Bespreche mit deinem:r Lehrer:in, ob du eine oder mehrere Bahnen aufbauen darfst. Schnapp dir Hockeyschläger und -ball und probiere sie aus. Besonders interessant sind Bahnen, bei denen du dir nicht sicher bist, ob sie auch wirklich funktionieren.

Unter-/ Mittelstufe	Zeitrahmen	Zusatzmaterial
	ca. 45 – 60 Min. (mit Zusatzaufgabe 75 Min.)	Stifte, Extrablatt, evtl. Material aus der Sporthalle

Meine Minigolfanlage

Bahn 1: ______________________________ (Name der Bahn)

(deine Aufbauskizze)

Bahn 2: ______________________________ (Name der Bahn)

(deine Aufbauskizze)

Bahn 3: ______________________________ (Name der Bahn)

(deine Aufbauskizze)

(Für weitere Bahnen verwende ein Extrablatt/die Rückseite.)

Unter-/ Mittelstufe	Zeitrahmen	Zusatzmaterial
	ca. 60–75 Min.	Stift, Maßband, Taschenrechner oder Handy, evtl. Tablet/Handy mit Internetzugang

Das verrückte Geräte-Quiz

Wie viele kleine Kästen muss man aufeinanderstapeln, um die Höhe des Eiffelturms zu erreichen? Wie viele kleine blaue Matten muss man hintereinanderlegen, um die Welt zu umrunden? – Weißt du nicht? Dann finde es heraus!

Finde zunächst heraus, wie lang, breit und hoch verschiedene Sportgeräte in der Sporthalle sind und trage die Werte in die Tabelle ein. Entscheide selbst, welche fünf Sportgeräte du ausmisst.

Tipp: Ein Maßband findest du sicher beim Leichtathletik-Material. Frag einfach deine Lehrkraft.

Sportgerät	Länge	Breite	Höhe

Lies die folgenden Notizen:

Erstelle nun für deine Mitschüler:innen ein lustiges Rate-Quiz mit verrückten Fragen, indem du die Maße der Sportgeräte (deine Tabelle) und die Notizen miteinbeziehst. Gib jeweils 4 mögliche Antwortmöglichkeiten vor.

Beispiel: Wie viele kleine Kästen muss man aufeinanderstapeln, um die 300 m Höhe des Eiffelturms zu erreichen?

A. 500 B. 650 C. *750* D. 850

(Rechnung: Höhe kleiner Kasten = 40 cm = 0,4 m; Höhe Eifelturm = 300 m; 300 : 0,4 = **750**)

Tipp: Wenn du ein Flipchart zu Verfügung hast, dann schreibe die Quizfragen und Antwortmöglichkeiten dort auf. Das macht es für deine Mitschüler:innen später einfacher mitzuspielen.

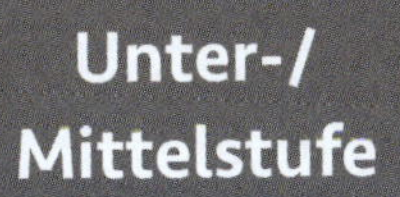

Zeitrahmen	Zusatzmaterial
ca. 45 – 60 Min.	Stift, Maßband, Taschenrechner oder Handy, evtl. Tablet/Handy mit Internetzugang

Dein Schulhof – dein Pausen(t)raum

Wie wäre es, wenn du dem Schulhof deiner Schule ein ganz neues Gesicht geben könntest? Wenn alles möglich wäre und du entscheiden könntest, welche neuen Bewegungsmöglichkeiten auf dem Schulhof Platz finden?

Bist du bereit? Dann leg los, indem du die folgenden Fragen beantwortest.

Wie bewegst du dich am liebsten? Kreise ein (gerne mehrere).

laufen und springen	klettern	turnen und balancieren	tanzen
mit Spielgeräten (z. B. Waveboards, Einrädern, o. Ä.)	Teamsport (z. B. Basketball, Fußball)	bei Spielen mit Schlägern (z. B. Tischtennis, Badminton)	

Was spielst du am liebsten in den Pausen? Schreibe alle Spiele/Sportarten auf.

___

___

___

Was wünscht du dir für deinen Schulhof, damit diese Spiele noch mehr Spaß machen?

___

___

___

Welche Bewegungsspiele würdest du gerne in den Pausen gerne spielen, wenn es die Möglichkeit dazu gäbe? Schreibe alle Spiele/Sportarten auf.

___

___

___

Wie müsste man den Schulhof dafür umgestalten? Was müsste man ändern?
Zeichne einen ungefähren Plan von deinem Schulhof, so wie er heute aussieht.
Nimm nun eine andere Farbe und zeichne deine Ideen ein, wie du ihn verändern würdest. Bleibe dabei realistisch, dann sind die Chancen besser, dass deine Ideen auch umgesetzt werden können.

Alternative zur letzten Aufgabe: Installiere die App ChatterPix auf deinem Handy. Fotografiere einen bestimmten Ausschnitt deines Schulhofs (z. B. einen Bereich des Schulhofs) und lass ihn sprechen: Was soll hier deiner Meinung nach verändert werden? Du hast pro Foto 30 Sekunden Zeit deine Änderungen zu erklären. Du kannst mehrere verschiedene Bereiche fotografieren und deine Änderungswünsche aufsprechen.

Unter-/ Mittelstufe	Zeitrahmen	Zusatzmaterial
	ca. 45 – 60 Min.	Stift, Material aus der Sporthalle

Denkmäler aus Sportgeräten bauen

Bestimmt standest du schon einmal am Fuße eines berühmten Bauwerks, den Blick staunend nach oben gerichtet. Egal ob Eiffelturm, Brandenburger Tor oder das Opera House – Bauten wie diese begeistern Menschen auf der ganzen Welt und werden zu touristischen Highlights.

- **Schreibe eine Liste mit allen berühmten Bauwerken, die du kennst:**

____

____

____

____

- **Welche dieser Denkmäler ließen sich nachbauen? Gehe auf die Suche nach geeigneten Turngeräten und lass dich inspirieren.**

- **Entscheide dich für ein Bauwerk und zeichne einen groben Bauplan. Zeige ihn deiner Lehrkraft.**

- **Baue dein Bauwerk, in Absprache mit deiner Lehrkraft, nach deinem Plan auf.**
  Wenn möglich, dann baue es dort auf, wo deine Mitschüler:innen dich nicht sehen können und nicht abgelenkt werden. Verrate ihnen auf keinen Fall was du baust – sie sollen am Ende raten, um welches Denkmal es sich handelt.

Mein Bauplan:

(deine Aufbauskizze)

Unter-/ Mittelstufe	Zeitrahmen	Zusatzmaterial
	ca. 45 – 60 Min.	Buntstifte, Extrablätter, evtl. rotes, gelbes und grünes Tonpapier

Fairness im Fußball II

Foto: Technoseum Mannheim

Lies den Informationstext über die Bestrafungs-Karten im Fußball. Mache dir Notizen zu den wichtigsten Punkten der Geschichte, sodass du deinen Mitschüler:innen später frei davon erzählen kannst. Wichtig ist vor allem, woher die Redewendung „die Arschkarte ziehen" kommt.

Woher kommt die Redewendung „die Arschkarte ziehen"?

Viertelfinale der WM 1966: England gegen Argentinien. 98 600 Zuschauer im Wembley Stadion und ein extrem nervenaufreibendes Spiel, in dem es heiß hergeht. Und mittendrin: Ein 1,68 m kleiner Schiedsrichter – Rudolf Kreitlein. Das Spiel war für den deutschen Unparteiischen alles andere als ein Zuckerschlecken. In der 37. Spielminute verwies Kreitlein den, bereits mehrfach negativ aufgefallenen, Argentinier Antonio Rattín des Spielfeldes. Später sorgte diese Sanktion gegen den 1,91-m-Hünen und die Tatsache, dass Kreitlein sein schwarzes Schiri-Outfit selbst genäht hatte für Spott. Man nannte ihn fortan „Kreitlein, das tapfere Schneiderlein".

Der historisch bedeutende Platzverweis von Rattín war sehr chaotisch, denn Rattín weigerte sich vehement das Feld zu verlassen. Erst als die Polizei ihn schließlich abführte, konnte das Viertelfinale fortgesetzt werden. Das Problem war, dass Schiri Kreitlein zwar eine Karte hatte, auf der er alle Verwarnungen festhielt, jedoch war diese Karte weiß und er konnte sie nicht nutzen, um Rattín deutlich und für alle sichtbar vom Platz zu schicken.

Nach dem turbulenten Spiel, das Argentinien zu zehnt verlor, hatte Kreitleins englischer Schiedsrichterbetreuer Ken Aston eine geniale Idee – inspiriert von den vielen Verkehrsampeln, die sie auf dem Heimweg passierten: Gelbe und rote Karten als klares Kommunikationsmittel zwischen Schiedsrichter und Spielern.

Die Weltpremiere feierten die Karten einige Jahre später bei der Weltmeisterschaft 1970. Bereits im Eröffnungsspiel dieser WM, bei dem die UdSSR gegen Mexiko spielten, wurde die gelbe Karte zum ersten Mal gezückt. Die erste rote Karte bei einer WM wurde erst 1974 gezückt. Diese ging an den Chilenen Caszley, nach einem Foul an Berti Vogts im Spiel gegen Deutschland. Zuhause an den Schwarz-Weiß-Fernsehapparaten, sahen die Menschen jedoch nicht, ob der Schiri nun eine gelbe oder eine rote Karte in die Luft hielt, denn beide sahen gleichermaßen grau aus.

Aus diesem Grund bewahrten die Unparteiischen alsbald die gelbe Karte in der Brusttasche und die rote Karte in der Gesäßtasche auf. So konnten die Fernsehzuschauer sofort sehen, welche Bestrafung für ein Foul gegeben wurde. Man munkelt, dass die Redewendung „die Arschkarte ziehen", die so viel bedeutet wie „Pech gehabt", so entstanden ist.

Für welches Verhalten würdest du im Sportunterricht gelbe und rote Karten verteilen? Schreibe eine Liste mit allen Punkten, die dir einfallen.

Bastle eine gelbe und eine rote Karte und beschrifte sie mit den Verhaltensweisen, die du dir oben überlegt hast.

- Gelbe Karte: Nicht so gutes Verhalten.
- Rote Karte: Absolut unerwünschtes Verhalten.
- Überlege nun, wie gutes sportliches Verhalten aussieht, das du dir in deinem Sportunterricht wünschst. Schreibe diese Punkte auf eine dritte grüne Karte.

Unter-/ Mittelstufe	Zeitrahmen	Zusatzmaterial
	ca. 45 – 60 Min.	Stift

Fußball-Bundesliga Logical

Die 1. Fußball-Bundesliga wurde bereits zur Saison 1963/1964 eingeführt. Davor gab es in Deutschland sehr viele regionale Ligen, die sehr viele verschiedene Namen trugen. Alles war chaotisch und unübersichtlich.

Nachdem die Nationalsozialisten an die Macht kamen, wurde die Anzahl der Ligen auf 16 reduziert. Diese sogenannten Gauligen waren, während der Zweite Weltkrieg tobte, die höchsten Spielklassen in Deutschland. Die 16 Sieger der einzelnen Gauligen spielten am Ende der Saison um den Titel des Deutschen Meisters.

Der deutsche Fußball war zu dieser Zeit international noch nicht konkurrenzfähig. Das lag daran, dass es innerhalb der Gauligen sehr große Leistungsunterschiede zwischen den Teams gab. Die stärksten Mannschaften hatten keine ebenbürtigen Gegner, wodurch sie zu wenig gefordert wurden und ihre Leistung nicht genügend verbessern konnten.

In anderen Ländern wie England, Spanien und Italien gab es hingegen bereits seit 1888 beziehungsweise seit Ende der 1920er-Jahre richtige Profiligen und somit konnte sich der Fußball dort deutlich schneller entwickeln.

Da die Deutschen auch ganz oben mitmischen wollten, wurde die Forderung nach einer deutschen Profiliga laut. Der Mann, der den ersten Versuch dazu unternahm, eine solche Profiliga in Deutschland zu gründen, hieß Franz Kremer. Leider scheiterte er im ersten Anlauf. Einige Jahre später hatte er jedoch mit Sepp Herberger und Hermann Neuberger zwei wichtige Unterstützer für sein Anliegen gefunden. Hinzu kam das klägliche Ausscheiden der Nationalmannschaft bei der WM 1962 in Chile. Bereits im Viertelfinale musste sich die deutsche Elf geschlagen geben und ganz Deutschland war enttäuscht über die schwache Leistung seiner Spieler. Der Ruf nach einer deutschen Profiliga wurde auch deswegen immer lauter.

So kam es, dass nur zwei Jahre später die Fußball-Bundesliga in ihre erste Saison startete. Mit 16 Vereinen (der FC Bayern München war damals noch nicht dabei) ging man in die erste Runde und am Ende wurde der 1. FC Köln zum ersten deutschen Bundesliga-Meister gekürt. Heute ist der FC Bayern München natürlich nicht mehr aus der Bundesliga wegzudenken. Der Rekordmeister wurde seit der Bundesligaeinführung insgesamt 31 Mal (Stand 2022) deutscher Meister. Kritiker bezeichnen die Bundesliga deshalb häufig auch als langweilig.

Damit es dir nun nicht langweilig wird und du noch mehr über die Bundesliga erfährst, versuche dich am folgenden Rätsel. Viel Erfolg!

Löse das Logical, indem du Informationen aus dem Text sowie die untenstehenden Hinweise logisch kombinierst.

Hinweise:

- Die Anzahl der Meistertitel ist für jede Mannschaft unterschiedlich und bewegt sich zwischen 1 und 5.
- Der VfL Wolfsburg erspielte seinen ersten und einzigen Meistertitel im Jahr 2008/2009 als letztes Team.
- Der VfB Stuttgart gewann seinen ersten Meistertitel genau 20 Jahre nach dem 1. FC Köln.
- Der Verein mit dem größten Stadion besitzt auch die meisten Meistertitel.
- Das Stadion von Köln ist größer als das von Bremen aber kleiner als das von Stuttgart.
- Wolfsburg hat das kleinste Stadion.
- Den ersten Meistertitel erspielte das Team mit dem größten Stadion im Jahr 1994/95.
- Stuttgart sammelte bisher drei Meistertitel.
- Der Verein, der den ersten Meistertitel der neu gegründeten Bundesliga gewann, besitzt das drittgrößte Stadion.
- Der Verein, der 1987/88 seinen ersten Meistertitel gewann, gewann ihn drei weitere Male in den Folgejahren.
- Stuttgart hat nicht das größte Stadion.

Unter-/ Mittelstufe	Zeitrahmen	Zusatzmaterial
	ca. 45 - 60 Min.	Stift

	VFL Wolfsburg	1. FC Köln	VfB Stuttgart	Borussia Dortmund	SV Werder Bremen
Rangfolge Stadiongröße 1 = größtes 5 = kleinstes	5	3	2	1	4
Anzahl Meistertitel seit 1963/64	1	2	3	5	4
Jahr des ersten Meistertitels	2008/09	1963/64	1983/84	1994/95	1987/88

Unter-/ Mittelstufe	Zeitrahmen	Zusatzmaterial
	ca. 60 – 75 Min.	Stift, Schere, evtl. Tablet/Handy mit Internetzugang

In welcher Sportart trägt man welchen Schuh? Ordne die Schuhe den verschiedenen Disziplinen zu.

a. Crosslauf b. Fußball c. Rennradfahren d. Wandern e. Eishockey f. Handball g. Tennis h. Klettern

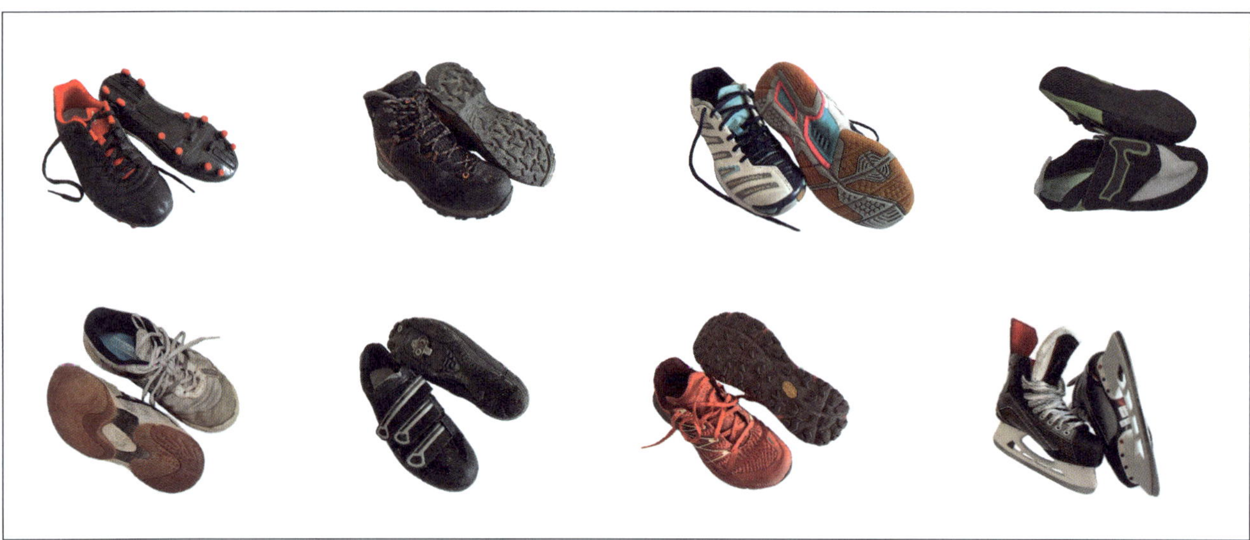

Überlege: Kannst du mit Straßenschuhen auf nassem Rasen gut Fußball spielen?
Kannst du mit Wanderschuhen sehr schnell rennen? Oder sogar mit Schlittschuhen Basketball spielen?

Für wie entscheidend hältst du es, dass du den richtigen Schuh für die jeweilige Sportart trägst?
Begründe deine Antwort.

Unter-/ Mittelstufe	Zeitrahmen	Zusatzmaterial
	ca. 60 – 75 Min.	Stift, Schere, evtl. Tablet/Handy mit Internetzugang

 **Lies den folgenden Text:**

Wenn der Schuh zum Match-Winner wird

Fußball-Weltmeisterschaft 1954. Nachkriegsdeutschland ist durch lange Jahre des Leids und des Elends stark geprägt. Die Menschen sind arm und ausgehungert. Der WM-Erfolg der deutschen Nationalmannschaft ist kaum an Wichtigkeit zu überschätzen, er bringt den Deutschen die Lebensfreude und das Selbstwertgefühl zurück. Die Menschen sind plötzlich wieder stolz Deutsche zu sein. Dabei sah es vor und zu Beginn so gar nicht danach aus.

Im zweiten Gruppenspiel trifft Deutschland auf den amtierenden Weltmeister und Titelaspiranten Ungarn. Im Basler St. Jakob-Park gewinnen die Ungarn dieses Spiel gegen ein völlig überfordertes Reserveteam der deutschen Mannschaft mit 8 : 3. Trainer Sepp Herberger lässt an diesem Tag bewusst das Reserveteam antreten: Er ist der Ansicht, die WM ist für sein Team gelaufen, wenn die Spieler sich gegen Ungarn auspowern. Herberger erntet viel Kritik für die Entscheidung und die hohe Niederlage, doch der Erfolg sollte ihm später Recht geben.

Deutschland schlägt sich in der Vorrunde ansonsten wacker und tritt wenig später im Halbfinale gegen das favorisierte Team aus Österreich an. Doch es kommt anders als erwartet. Die Tore von Hans Schäfer, Max Morlock sowie die von Fritz und Ottmar Walter führen das deutsche Team zu einem klaren 6 : 1-Sieg und zu einem euphorischen Einzug ins Finale.

Dort warten erneut die starken Ungarn auf die Deutschen. Vor 60 000 Fans führt Ungarn erwartungsgemäß bereits nach wenigen Minuten mit 2 : 0. Die deutsche Mannschaft wirkt zunächst etwas eingeschüchtert, doch noch vor der Pause gelingt ihnen im strömenden Regen von Bern der Ausgleich. In der Pause sagt Trainer Sepp Herberger zu seinen Spielern: „Männer, es ist großartig, was ihr bisher geleistet habt. Gebt auch in der 2. Halbzeit keinen Millimeter Boden preis." Noch bevor die Spieler die Kabine verlassen, um diese Mission zu erfüllen, wird der starke Regen noch heftiger. Um auf dem nass-weichen Rasen den bestmöglichen Halt zu finden, wechseln sie noch die Schraubstollen an ihren Schuhen in längere Regenstollen. Die deutsche Mannschaft ist das einzige Team der WM, das mit dieser neuen Schraubstollentechnologie spielt. Sie ist eine neue Erfindung ihres Zeugwarts Adolf „Adi" Dassler, dem Gründer der Marke Adidas. Sein neuer Schuh ist zudem deutlich leichter und flexibler als die Modelle der anderen WM-Nationen. Das Regenwetter kommt also, so komisch es klingen mag, den Deutschen sehr entgegen. Einerseits haben sie mit ihren langen Schraubstollen einen entscheidenden Vorteil gegenüber den Ungarn, die trotz spielerischer Überlegenheit hilflos auf dem Feld herumrutschen. Andererseits ist es das Lieblingswetter ihres Kapitäns Fritz Walter, der nach einer Malaria-Erkrankung bei Regen seine beste Leistung abrufen kann. Bei starkem Regen während eines Fußballspiels, spricht man deshalb vom Fritz-Walter-Wetter.

Die letzten Minuten dieses allesentscheidenden Endspiels sind an Spannung nicht zu übertreffen. Der ungarische Mittelfeldspieler Jószef Bozsik ist in hervorragender Form und für die Deutschen hochgefährlich. Doch da kommt Hans Schäfer an den Ball, er spielt ihn Richtung Tor. Dort wird er abgewehrt und fliegt zu Helmut Rahn. Dieser fasst sich in der 84. Spielminute ein Herz und schießt. Der Ball landet im Tor – Endstand 3 : 2. Deutschland ist Weltmeister!

Da 1954 die wenigsten Menschen ein Fernsehgerät besaßen, lauschten Millionen Fans live der Stimme von Radioreporter Herbert Zimmermann.

Unter-/ Mittelstufe	Zeitrahmen	Zusatzmaterial
	ca. 60 – 75 Min.	Stift, Schere, evtl. Tablet/Handy mit Internetzugang

Finde durch Knobeln heraus, was Zimmermann genau gesagt hat und vervollständige seinen Originaltext mit den Namen der Spieler in der Box.

Bozsik (2x), Rahn (3x), Schäfer (4x)

„Es steht 2:2. Sechs Minuten noch im Wankdorfstadion in Bern. Keiner wankt, der Regen prasselt unaufhörlich hernieder (...) Jetzt Deutschland am linken Flügel, durch ______________ . ______________ Zuspiel zu Morlock wird von den Ungarn abgewehrt. Und ______________ immer wieder ______________, der rechte Läufer der Ungarn, am Ball. Er hat den Ball verloren, diesmal gegen ______________ . ______________ nach innen geflankt. Kopfball! Abgewehrt! Aus dem Hintergrund müsste ______________ schießen! ______________ schießt – Tooor, Tooor, Toor! Tor für Deutschland! Linksschuss von ______________! (...) 3:2 für Deutschland fünf Minuten vor dem Spielende."

Hast du ein Smartphone oder ein Tablet mit Internetzugang? Dann höre dir den Originalkommentar von Herbert Zimmermann an und vergleiche ihn mit deinem Ergebnis.

Hast du alle Namen richtig eingetragen?

Minute 7:45 bis 8:45: https://www.youtube.com/watch?v=3rHwkfO47Jo

Ob es das Wunder von Bern auch ohne die neuen Schraubstollenschuhe von Adidas gegeben hätte, kann keiner mit Sicherheit sagen. Sicher ist jedoch, dass die deutsche Nationalmannschaft durch diese neue Schuhtechnologie einen entscheidenden Vorteil hatte. Das richtige Sportzeug (dabei) zu haben, entscheidet manchmal also sogar Weltmeisterschaften.

Jetzt geht es im Schulsport ja nicht gerade um WM-Titel. Überlege und notiere, warum es deinem:r Sportlehrer:in trotzdem so wichtig ist, dass du immer deine Hallenschuhe bzw. Sportschuhe für draußen mitbringst.

____

____

____

____

Unter-/ Mittelstufe	Zeitrahmen	Zusatzmaterial
	ca. 60 – 75 Min.	Stift, Schere, evtl. Tablet/Handy mit Internetzugang

Warum ist eine Teilnahme am Schulsport mit Straßenschuhen/in Socken/barfuß keine gute Lösung? Überlege und schreibe deine Begründung auf.

Mit Straßenschuhen teilnehmen ist nicht so gut, weil ...

____

____

In Socken teilnehmen ist nicht so gut, weil ...

____

____

Barfuß teilnehmen ist nicht so gut, weil ...

____

____

Was kann dir helfen, damit du deine Sportschuhe in Zukunft nicht mehr vergisst? Schreibe mindestens drei Strategien auf. Schneide dann diesen Abschnitt mit einer Schere ab und lege ihn in dein Federmäppchen.

1. ____
2. ____
3. ____

Weitere Ideen:

____

____

____

Unter-/ Mittelstufe	Zeitrahmen	Zusatzmaterial
	ca. 45 – 60 Min.	Stift

Basketball kennen lernen

Jannik wohnt erst seit drei Wochen in den USA. Er und seine Familie sind von München nach Boston umgezogen, da seine Mutter hier eine neue Stelle gefunden hat. Als sie zum ersten Mal zu ihrem neuen Haus fahren, fällt ihm auf, dass in fast jeder Hofeinfahrt ein Basketballkorb hängt und auch auf dem Schulhof seiner neuen Schule gibt es gleich mehrere Körbe. Jannik hat in Deutschland Fußball gespielt und weiß wenig über Basketball. Als ihn sein neuer Schulkamerad James am Ende der ersten Schulwoche fragt, ob er nicht Lust hätte, bei seinem Basketballspiel zuzuschauen, sagt Jannik sofort zu. Am nächsten Tag ist es so weit. Jannik sitzt auf der Zuschauertribüne und wartet gespannt, bis es losgeht. Und dann kommen die Spieler beider Teams eingelaufen. Freudig winkt Jannik James zu, der lässig die Hand hebt. Die Schiedsrichterin pfeift und schon geht die Partie los. Jannik ist fasziniert von der schnellen und actionreichen Sportart, in der deutlich mehr Punkte fallen als beim Fußball. Aber ihm fallen noch mehr Dinge auf, die er in Geheimsprache in sein Notizbuch schreibt.

Entschlüssle Janniks Notizen

1. we nnmanmi td emba lllau fe nmöc htemus smand ribb eln.

____

2. orp maet nehets fnüf releips redo nennireleips fua med ztalp.

____

3. derballdarfnichtmitdemfußknieoderbeinberührtwerden.

____

4. lang minuten zehn mal vier geht basketballspiel ein.

____

5. n krb zhlt ntwdr n pnkt, zw pnkt dr sgr dr pnkt.

____

Unter-/ Mittelstufe	Zeitrahmen	Zusatzmaterial
	ca. 45 – 60 Min.	Stift

Nach vier mal zehn Minuten ist es vollbracht: James' Team gewinnt ganz knapp. Überglücklich kommt er zu Jannik auf die Tribüne und bittet ihn, von nun an regelmäßig zuzuschauen. Dieses Spiel war nämlich das erste dieser Saison, das er mit seinem Team gewinnen konnte. Da hat Jannik eine Idee: Das nächste Mal möchte er nicht mehr auf der Tribüne sitzen. Nein, das nächste Mal möchte er selbst mitspielen. James ist begeistert: „Ein Glücksbringer auf dem Feld ist noch besser als einer auf der Tribüne!" Schnell rennen die beiden zu James' Trainerin Linda und erzählen ihr, dass Jannik zum nächsten Training mitkommen wird. Jetzt, wo Jannik von echten Basketballprofis umgeben ist, kann er auch endlich seine Frage loswerden, die ihm seit dem Spiel unter den Nägeln brennt: Warum gibt es bei einem Korb mal einen, mal zwei und manchmal sogar drei Punkte? Linda erklärt ihm, dass es auf die Position des:r Werfenden ankommt. Steht er oder sie außerhalb der sogenannten Drei-Punkte-Linie, gibt es für den Korb drei Punkte. Steht er oder sie innerhalb dieser Linie, gibt es zwei Punkte. Bei einem versenkten Freiwurf, also einem ungestörten Wurf nach einem Foul, gibt es einen Punkt. Janniks Frage bringt Linda auf eine Idee. Sie gibt ihm bis zum ersten Training eine kleine Hausaufgabe: Jannik soll die Namen der Linien des Basketballfeldes lernen.

 **Wie heißt welche Linie? Hilf Jannik bei der Zuordnung und schreibe die Namen auf die entsprechende Linie des Basketballspielfeldes.**

Mittellinie | Drei-Punkte-Linie | Grundlinie | Mittelkreis | Seitenlinie | Freiwurflinie

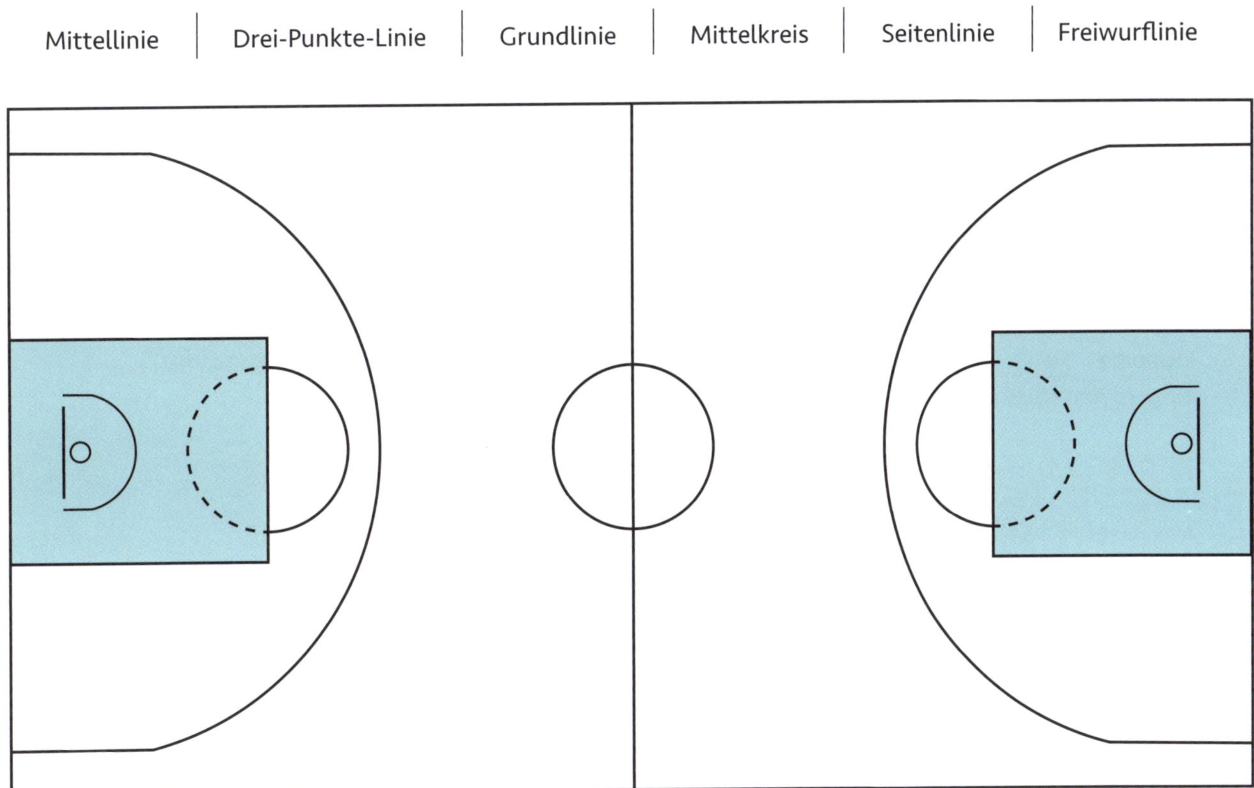

Drei Tage später ist es endlich so weit. Jannik kennt alle wichtigen Linien des Basketballspielfeldes und fiebert seinem ersten Training entgegen. Und siehe da: Es macht ihm Riesenspaß und er trifft sogar ein paar Mal den Korb. Danach ist er erschöpft und eigentlich sehr glücklich. Wären da nicht diese vielen neuen englischen Fachbegriffe, die ihm im Kopf herumschwirren. Was bedeuten nur all diese Wörter?

Unter-/ Mittelstufe	Zeitrahmen	Zusatzmaterial
	ca. 45 - 60 Min.	Stift

 **Hilf Jannik, indem du die englischen Fachbegriffe der deutschen Erklärung zuordnest.**

Airball *Tipp: air = Luft*	Ein:e Spieler:in springt hoch und drückt den Ball von oben mit Wucht in den Korb.
Screen *Tipp: to screen = abschirmen*	Eroberung des Balls, nachdem er nach einem Fehlwurf vom Brett abgeprallt ist.
Steal *Tipp: to steal = stehlen*	Völlig missglückter Wurf, bei dem der Ball nicht einmal den Ring des Korbes berührt.
Crunchtime *Tipp: crunch = entscheidende/r/s*	Das Vortäuschen eines Fouls. Im Fußball nennt man diese Aktion „Schwalbe".
Dunking *Tipp: to dunk = eintunken*	Die letzten entscheidenden Sekunden eines knappen Spiels.
Rebound *Tipp: to rebound = abprallen*	Ein:e Angreifer:in ohne Ball blockt eine:n Verteidiger:in, um ein eigenes Teammitglied abzuschirmen.
Flopping *Tipp: to flop = versagen*	Ein:e Spieler:in erobert von den Gegnern den Ball oder fängt einen Pass ab.

Suche dir drei Fachbegriffe aus. Erkläre sie, in Absprache mit deiner Lehrkraft, deiner Klasse am Ende der Stunde. Vielleicht kannst du, oder eine Person deiner Klasse, sogar vorführen, was mit dem Begriff gemeint ist.

Aufgaben für die Mittel- und Oberstufe

Mittel-/ Oberstufe	Zeitrahmen	Zusatzmaterial
	ca. 35 – 50 Min.	Stifte, drei Jonglierbälle, evtl. ein kleine Matte und Kreide

Jonglieren lernen

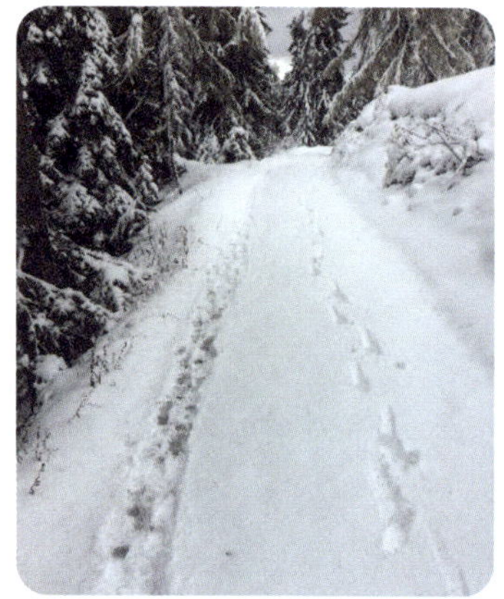

Was geht da ab in meinem Hirn?

Ob du es glaubst oder nicht, du lernst ständig. OK, vielleicht nicht immer genau das, was deine Lehrer:innen oder Eltern von dir erwarten, aber du lernst jeden Tag. Du kannst nämlich gar nicht anders. Keiner kann nicht nicht-lernen. Die Prozesse, die dabei in deinem Gehirn ablaufen, sind vielschichtig und sehr komplex. Wichtig und interessant zu wissen ist, dass dein Gehirn nie eine Pause macht. Es ist einem ständigen Wandel unterzogen und wird um-, auf- und abgebaut.
Wenn du etwas neu erlernst, wie z. B. das Jonglieren, dann werden in deinem Gehirn neue Pfade angelegt. Das kannst du dir so vorstellen, wie wenn du an einem schönen Wintermorgen durch den frisch gefallenen Schnee läufst. Dabei hinterlässt jeder deiner Schritte eine Spur im Schnee [1] und am Ende deines Weges hast du einen kleinen Pfad getrampelt. Solche Spuren, Gedächtnisspuren genannt, entstehen auch in deinem Gehirn, wenn du etwas neu lernst. Wie der erste Gang durch den Neuschnee ist das Neulernen immer mühsam und anstrengend. Sobald du aber den Weg mehrere Male genutzt hast, der Untergrund zunehmend fester wird, ist das Laufen auf dem Weg schon viel einfacher und du kommst schneller voran. Genauso ist es auch in deinem Gehirn: Je öfter du die neuen Verbindungen benutzt, also den Pfad abläufst, indem du das Neue übst, desto einfacher und schneller geht es dir von der Hand.
Wenn du jetzt gleich anfängst das Jonglieren zu üben, dann wird es vermutlich nicht sofort funktionieren. Du kennst dieses Phänomen bereits aus vielen anderen Lebenssituationen. Du übst und übst und übst, sei es ein Stück am Klavier oder das Balancieren auf der Slackline – es will einfach nicht klappen. Nach einer Zeit hörst du auf und probierst es am nächsten Tag nochmal. Und siehe da … es klappt! Ganz plötzlich scheint es wie von allein zu funktionieren.

 **Hast du schon einmal eine solche Erfahrung gemacht? Wenn ja, wie sah diese aus?**

____

____

Was ist in deinem Gehirn über Nacht passiert? Du hast bereits gelernt, dass beim Neulernen neue Verbindungen im Gehirn entstehen. Bis diese festgetreten und damit längerfristig gespeichert sind, braucht es vor allem eins: Zeit.
Du kannst dir dein Gehirn wie ein großes Orchester vorstellen. Es gibt dort die verschiedenen Instrumentengruppen: Die Blechbläser, die Holzbläser, die Streicher, die Perkussionisten usw., die alle ihre Einsätze kennen und zusammenspielen müssen, damit eine Symphonie erklingt. In deinem Gehirn sind die Instrumentengruppen die verschiedenen Hirnareale, die alle bestimmte Einsätze und Aufgaben haben. Wenn du etwas neu lernst, dann landet das erstmal im sogenannten Hippocampus [2]. Dieses Gehirnareal ist ein mittelfristiger Speicher, der neue Dinge sehr schnell lernt. Der Hippocampus bringt das Neuerlernte dann dem nächsten Hirnareal, der Großhirnrinde, bei. Die Großhirnrinde lernt deutlich langsamer als der Hippocampus. Haben es Lerninhalte jedoch in die Großhirnrinde geschafft, sind sie recht langfristig abrufbar. Diese Festigung von Neugelerntem, also die Übertragung aus dem Hippocampus in die Großhirnrinde, nennt man Konsolidierung. Diese, und das ist die Antwort auf unsere Frage,

[1] Wen's interessiert: Die indogermanische Wurzel des Wortes „lernen" ist „lais" und bedeutet so viel wie Spur, Bahn oder Furche.
[2] Wen's interessiert: Das Wort „Hippocampus" kommt aus dem lateinischen und bedeutet Seepferdchen. Wenn du dir ein Bild des Hippocampus anschaust, dann weißt du, warum er diesen Namen trägt.

Mittel-/ Oberstufe	Zeitrahmen	Zusatzmaterial
	ca. 35 – 50 Min.	Stifte, drei Jonglierbälle, evtl. ein kleine Matte und Kreide

findet vor allem nachts im Schlaf statt. Das erklärt das Phänomen, dass die frustrierende Klavierpassage des Vortags am nächsten Tag plötzlich klappt.
Wenn du jetzt also anfängst das Jonglieren zu lernen, dann sei nicht enttäuscht, wenn es nicht sofort klappt. Wenn du willst, dann wirst du es mit 100 %iger Sicherheit lernen. Es braucht nur ein bisschen Beharrlichkeit, Fleiß und Geduld. Gib deinem Gehirn regelmäßige Inputs und Zeit, das Ganze zu verarbeiten.
Achte darauf, dass du die Anleitung genau verfolgst. Falsch Gelerntes kann nämlich nur durch neue Pfade ausgeglichen werden und die sind, wie du weißt, sehr mühsam anzulegen.

Jonglieren lernen: Die Kaskade

Schritt 1: Mit einem Ball

Wirf den Ball in einem hohen Bogen von deiner linken in deine rechte Hand. Mindestens 100 Mal üben, um ein Gefühl für die Bälle und die Flugbahn zu bekommen. Die fangende Hand soll sich dabei möglichst nicht bewegen müssen.

- Der geworfene Ball erreicht die Höhe deiner Nasenspitze.
- Deine Arme sind locker am Körper angelegt.
- Blick gerade aus. Nicht dem Ball nachschauen.

Tipp: Du kannst die Bälle auch erst einmal auf einer schrägen Ebene rollen statt sie zu werfen (siehe Fotos).

Schritt 2: Mit zwei Bällen

In jeder Hand einen Ball. Wirf den ersten Ball, wie in Schritt 1, im hohen Bogen in die zweite Hand. Sobald dieser Ball den höchsten Punkt der Flugkurve (deine Nase) erreicht hat, wirfst du den zweiten Ball los. Dieser fliegt in der gleichen, hohen Kurve in die andere Hand. Beide Bälle kommen also zeitversetzt an deiner Nasenspitze vorbei.

- Achtung: Den zweiten Ball nicht in die andere Hand übergeben!
- Dieser Schritt muss sehr gut beherrscht werden, bevor man zum nächsten übergeht. Etwas länger üben, bis es wie von allein läuft, lohnt sich.

Schritt 3: Mit drei Bällen

Nimm zwei Bälle in die eine und einen Ball in die andere Hand. Wirf den ersten Ball (aus der Hand, in der zwei Bälle sind) in hohem Bogen in die andere. Bei Erreichen des höchsten Punktes, wirf den zweiten Ball aus der anderen Hand los. Noch bevor der erste Ball in der Hand landet, wirfst du den dritten Ball (ebenfalls in hohem Bogen) los, sozusagen zwischen den anderen beiden hindurch.

- Bälle, wie oben beschrieben, nur werfen, ohne sie aufzufangen. Sie landen auf dem Boden.
- Jeden Ball einmal werfen und auffangen. Danach eine kurze Pause machen. Wiederholen.
- Pausen zwischen dem Auffangen und dem erneuten Loswerfen verkürzen.
- Keine Pause mehr nach dem Auffangen -> et voilà! Glückwunsch! Dein Gehirn hat die Kaskade gelernt.

Mittel-/ Oberstufe	Zeitrahmen	Zusatzmaterial
	ca. 2 x 75 Min.	Stift, Smartphone/Tablet evtl. mit Internetzugang

Ein Lernvideo zu deinem Lieblingsspiel im Sportunterricht erstellen

Was ist dein Lieblingsspiel im Sportunterricht? Brennball mit Hindernissen, Dodgeball, Jugger oder was ganz anderes? Oder kennst du sogar ein cooles Spiel (z. B. aus deinem Verein), das ihr noch nie im Schulsport gespielt habt? Lass andere an deinem Lieblingsspiel teilhaben und erstelle ein Lernvideo, in dem du das Ziel des Spiels und all seine Regeln anschaulich erklärst.

Beantworte zunächst folgende Fragen:

Was ist das Ziel des Spiels?

____

____

Wie viele Teams braucht man? Wie groß sind die Teams?

____

____

Auf welchem Spielfeld wird gespielt?

____

____

Welches Material braucht man?

____

____

____

Was sind die Regeln des Spiels?

____

____

____

____

____

____

Mittel-/ Oberstufe	Zeitrahmen	Zusatzmaterial
	ca. 2 - 3 x 75 Min.	Stift, Smartphone/Tablet evtl. mit Internetzugang

- **Wenn du einen Internetzugang hast, dann schaue das folgende Video. Falls nicht, dann mach weiter mit der übernächsten Aufgabe. Hier wird die technische Seite von Lernvideos erklärt. Für diese Aufgabe kommt nur das *persönliche Video* oder das *Tischvideo* in Frage.**

- **Entscheide dich für das persönliche Video oder das Tischvideo.**

- **Überlege, wie du das Video gliedern möchtest, d. h. bringe die oben beantworteten Fragen in eine logische Reihenfolge. Mache dir dazu einen Spickzettel.**

- **Mache einen ersten Testdurchlauf, in dem du das Spiel nun so erklärst, wie du es dir überlegt hast. Brauchst du eventuell noch Material (z. B. einen Softball, Parteibänder o. Ä.), um deine Erklärungen zu veranschaulichen?**

- **Hole dir von deinem:r Sportlehrer:in in einem passenden Moment ein kurzes Feedback.**

- **Nimm dein Erklärvideo mit einem Smartphone/Tablet auf.**

Mittel-/ Oberstufe Mädchen	Zeitrahmen	Zusatzmaterial
	ca. 75 Min.	Stift, Schere, Extrablätter

Der weibliche Zyklus und Sport

Einmal im Monat geht es vielen Frauen ähnlich. Die „Erdbeerwoche" kündigt sich an und bringt nicht selten Bauchschmerzen oder Unwohlsein mit sich. Viele Mädchen und Frauen spüren dann den Impuls, sich zu schonen und Abstand von jeglicher sportlicher Aktivität zu nehmen. Das ist jedoch nicht zwingend nötig. Professor Dr. Kosten-Reck, Vorsitzende der Kommission Frauensport bei der Deutschen Gesellschaft für Sportmedizin und Prävention e.V. (DGSP), bestätigt, dass während der Regelblutung prinzipiell jede Sportart betrieben werden kann. Ob sich dein Leistungsvermögen während der Periode verbessert oder verschlechtert, kann nicht pauschal gesagt werden. Das ist nämlich individuell unterschiedlich. Da bei Bewegung aber in jedem Fall spezielle Hormone ausgeschüttet werden, wirst du dich danach viel besser fühlen.
Es gibt noch einen weiteren guten Grund, trotz Regelblutung Sport zu treiben. Neben dem oben erwähnten psychischen Benefit, tut die Bewegung auch deinem Körper gut. Die Bauchschmerzen werden häufig schwächer und schon bald ist das Unwohlsein besser. Grund hierfür ist, dass die Gebärmuttermuskulatur, die sich während der Periode häufig krampfartig zusammenzieht und für unangenehme Bauchschmerzen sorgt, beim Sport besser durchblutet und gelockert wird. Dadurch werden die Schmerzen häufig deutlich gelindert. Besonders gut durchblutet wird die Beckenmuskulatur beim Joggen und bei bestimmten Kräftigungsübungen. Also nichts wie los! Auch, wenn du dich gerade nicht so danach fühlst!

Mache, in Absprache mit deiner*m Lehrer*in, einen 10- bis 15-minütigen Spaziergang an der frischen Luft. Suche dabei eine Treppe, an der du folgende Übungen durchführst.

- Beim Hoch- und Runterlaufen jede Treppenstufe mit beiden Füßen betreten.
- Beim Hochlaufen je eine Stufe auslassen. Locker runter.
- Beim Hochlaufen mit Tempo je zwei Stufen auslassen. Locker runter.
- Rückwärts hoch, vorwärts runter laufen.
- Zwei Stufen hoch, eine Stufe runter, zwei Stufen hoch, eine Stufe runter usw. bis oben. Locker runter.

Erfinde eigene Lauf- oder Kräftigungsübungen an der Treppe. Stelle so dein persönliches Workout zusammen. Es soll mindestens fünf verschiedene Übungen enthalten.

Schreibe dein Workout hier auf:

Übung 1:

Übung 2:

Übung 3:

Übung 4:

Übung 5:

Mittel-/ Oberstufe Mädchen	Zeitrahmen	Zusatzmaterial
	ca. 75 Min.	Stift, Schere, Extrablätter

Trainiere damit nun folgendermaßen:

- Führe jede deiner Übungen 5 bis 10 Mal aus (je nach Treppenlänge).
- Mache zwischen den Übungen 10 Sekunden Pause.
- Wenn du alle Übungen gemacht hast, ist der erste Durchgang vorbei. Starte den zweiten Durchgang nach dem gleichen Schema, sobald du dich bereit fühlst. Wenn du dich gut fühlst, kannst du noch einen dritten Durchgang machen.

Super, du hast es geschafft! Entspanne dich zur Belohnung für einige Minuten.

Wie geht es dir jetzt im Vergleich zu vorher? Scheibe deine Gedanken hier auf:

Wenn wir mal ehrlich sind, ist es doch so: In fast allen Fällen fühlt man sich nach der Bewegung viel besser als vorher. Mit oder ohne Periode. Warum das so ist, ist wissenschaftlich längst bewiesen und hängt unter anderem mit der Ausschüttung bestimmter Hormone zusammen. Diese werden im Volksmund deshalb auch gerne als „Glückshormone" bezeichnet.

So weit, so gut. Wir wissen, dass Sport und Bewegung uns guttun, aber manchmal ist, vor allem während der Regelblutung, der „innere Schweinehund" eben doch ganz schön groß. Damit du das nächste Mal, wenn er dir oder deinen Klassenkameradinnen mal wieder über den Weg laufen sollte, gewappnet bist, sollst du nun Motivationskärtchen anfertigen. Suche dafür, von den untenstehenden Sprüchen, diejenigen aus, die dich ansprechen und schreibe sie auf Papier-Kärtchen, die du selbst anfertigst.

Hast du noch Zeit übrig? Dann schreibe für jedes Mädchen aus deiner Klasse ein Kärtchen. Überlege dabei, welcher Spruch gut zu dieser Person passt.

Falls du eigene Motivationssprüche kennst, darfst du diese selbstverständlich gerne verwenden. Wenn du genügend Zeit hast, verziere die Karten. Am Ende der Sportstunde wirst du die Gelegenheit bekommen, die Kärtchen an deine Klassenkameradinnen zu verteilen. Sicher verwahrt im Geldbeutel oder Mäppchen, helfen sie der einen oder anderen sicherlich den „inneren Schweinehund" zu besiegen.

- If it doesn't challenge you, it doesn't change you.
- Ich mag zwar noch nicht am Ziel sein, aber ich bin auf jeden Fall schon näher dran als gestern.
- Never try, never know!
- Tue heute etwas, für das dir dein zukünftiges Ich danken wird.
- Nothing great comes without sacrifice.
- Sei die beste Version deiner selbst.
- Ein einstündiges Workout ist nur 4 % deines Tages.
- Der härteste Schritt zur Fitness ist der erste. Mach' ihn jetzt.
- Dein Körper kann alles! Es ist nur dein Gehirn, das du überzeugen musst.
- The only time *Success* comes before *Work* is in the dictionary.
- The only sad workout is the one that didn't happen.
- Du musst nicht schnell laufen, du musst einfach nur laufen!

Zeitrahmen	Zusatzmaterial
ca. 2x 75 Min.	Stift, Extrablätter

Handball vs. Fussball

Eine Kolumne bewerten

Eine Kolumne ist ein persönlicher Kommentar eines:r Journalist:in, der:die darin seine:ihre Meinung und Ansichten zu einem bestimmten Thema mit der Leserschaft des Mediums (z. B. einer Zeitung) teilt.

Lies die folgende Kolumne von Michael Herl zur Handball WM 2019, die am 21.01.2019 in der Frankfurter Rundschau erschien. [1]

Teil einer Massenbewegung

Handball ist fairer, härter als Fußball und die Spieler haben mehr in der Birne. Glauben Sie nicht?

Eigentlich, so könnte man meinen, gibt es zwischen Handball und Fußball keine größeren Unterschiede. Ob das Runde nun mit der Hand oder mit dem Fuß ins Eckige gedroschen wird, sollte ja nicht viel ausmachen. Tut es aber.

Erinnern wir uns doch mal weit zurück. Die einen schrieben mit Geha-, die anderen mit Pelikan-Füllern. Die einen spielten mit einer Märklin-, die anderen mit einer Trix-Eisenbahn. Tja, und die einen Fuß- und die anderen Handball. Schnittmengen gab es da kaum, denn es handelte sich bei der Wahl der Schreib- und Spielgeräte nicht um wohlüberlegte Entscheidungen, sondern den Ausdruck einer grundsätzlichen, eher unterbewussten Lebenseinstellung.

Sie spielte auch später immer wieder eine Rolle. Levis oder Wrangler, PC oder Apple, Bier oder Wein, Meer oder Berge, die meisten Menschen kennen bei diesen Fragen kein Sowohl-als-auch.

Eine Ausnahme dieser Regel lässt sich dieser Tage beobachten. Die Weltmeisterschaft der Handballer findet in Deutschland und Dänemark statt – und Seltsames geschieht. Mal wieder fiebert die Nation, doch alles ist anders. Selbst nach großen Siegen der hiesigen Truppe schieben sich keine hupenden und „Doitschland"-grölenden Massen in Autokolonnen durch die Städte.

Weder an tiefergelegten BMWs noch an gardinenbewehrten Fenstern hängen schwarz-rot-gelbe Fetzen, in den Kneipen keine tapetengroße Bildschirme und in deren Pissoirs keine kleine Handballtore. Obwohl ARD und ZDF zur besten Sendezeit übertragen und gewaltige Quoten erzielen – das Volk verhält sich merkwürdig besonnen. Woran das liegt? Ganz einfach. Handball ist anders.

Obwohl ich mir mit der folgenden Aussage selbst einen Strick drehe, wage ich zu behaupten: Handballer haben mehr in der Birne als Fußballer. Das fiel mir schon früher auf. Bei uns im Fußballverein versammelten sich die hohlsten Dumpfbacken, die Handballer hingegen waren fast allesamt Feingeister. Und heute? Kein Nationalspieler stammelt in Interviews leeres Gebrabbel, keiner beginnt seine Sätze mit „ich denke" oder „ich glaube", um mit abgedroschenen Phrasen fortzufahren, wie es Fußballer nahezu alle tun. Auch der Bundestrainer verwendet nicht alle drei Sekunden das Adjektiv „wahnsinnig".

Und im Spiel? Handball ist viel härter als Fußball. Die Spieler hätten bedeutend mehr Anlass, sich nach jedem Foul herumzuwälzen, als hätte ihr letztes Sekündchen geschlagen. Auch der Torjubel fällt glaubwürdiger aus. Keine

[1] https://www.fr.de/meinung/teil-einer-massenbewegung-11416423.html abgerufen am 15.06.2023.

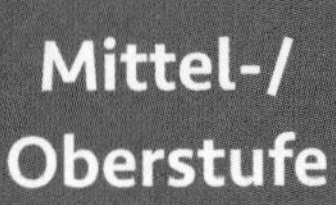

Zeitrahmen	Zusatzmaterial
ca. 2 x 75 Min.	Stift, Extrablätter

Saltos, keine Bekreuzigungen, kein Daumenlutschen angedenk des jüngsten Befruchtungserfolgs. Apropos: Die „Spielerfrauen" sind ganz normale Frauen und keine zu Supermodels hochgejazzten Vorstadtfriseusen.

Dass das Verhältnis zu den Kontrahenten fairer, freundschaftlicher, also sportlicher als im Fußball ist, lässt sich nicht nur beim obligatorischen Abklatschen nach dem Spiel erahnen. So was färbt ab aufs Publikum.

Der Handball kennt keine rassistischen Schmährufe. Da schmeißt niemand Pyros, da werden gegnerische Fans weder durch beleidigende Transparente beleidigt noch verprügelt. Handballgucken ist auch nicht untrennbar mit dem maßlosen Genuss von Bier verbunden. Das geht auch gut nüchtern. Kurzum: Wenn dieser Boom so bleibt, werde ich erstmals im Leben Teil einer Massenbewegung.

Bearbeite folgende Aufgaben schriftlich:

1. Fasse die Meinung des Autors zusammen. Was sind seine Hauptaussagen? Wie begründet er sie?

2. In welchen Punkten bist du mit dem Autor einer Meinung? In welchen nicht?
   Schreibe Stichpunkte auf.

3. Schreibe einen Leserbrief zum obigen Artikel an die Frankfurter Rundschau und begründe deine Meinung.

4. Fußball erfreut sich in Deutschland größter Beliebtheit. Fußballer verdienen eine Menge Geld, Spiele werden vielfach in den Medien übertragen und in den Sportnachrichten nehmen Fußball-Informationen einen Großteil der Sendezeit ein. Alle anderen Sportarten fallen hinten runter und bekommen deutlich weniger Beachtung und Anerkennung. Ist das fair? Schreibe eine kritische Stellungnahme.

Mittel-/ Oberstufe	Zeitrahmen	Zusatzmaterial
	ca. 75 Min.	Stift, Extrablatt

Ein Intervall-Trainingsspiel planen

Stelle dir folgende Situation vor: Du freust dich auf deinen Sportunterricht. Ihr trefft euch alle in der Halle und da kündigt dein:e Lehrer:in an, dass eure neue Einheit zum Thema „Ausdauer" sein wird. Wie ist deine Reaktion?

Schreibe deine Gedanken auf:

____

____

Die meisten Schülerinnen und Schüler, eventuell gehörst auch du dazu, machen keine Freudensprünge, wenn das Thema Ausdauer auf dem Programm steht. Du hast nun die Gelegenheit, das Image der Ausdauer zu verbessern, indem du ein abwechslungsreiches Ausdauerspiel für deine Mitschüler:innen vorbereitest.

Hier siehst du ein Bild vom Berlin Marathon aus dem Jahr 2022. Von den 45 527 Teilnehmer:innen waren nur wenige Profiläufer. Alle anderen sind ganz „normale" Leute, die in ihrer Freizeit gerne laufen gehen. Die meisten Hobbyläufer stecken sich dabei dennoch ein bestimmtes Streckenziel. Sie wollen z. B. beim 5-km-Lauf ihrer Stadt teilnehmen oder sogar beim nächsten Marathon.

Foto: Niclas Dehmel, unsplash.com

Welche Volksläufe in deiner Umgebung kennst du und welche unterschiedlichen Streckenlängen kann man dort laufen?

____

____

____

So wie es verschiedene Sportarten gibt, gibt es auch verschiedene Arten der Ausdauer. Möchte man eine längere Strecke (>5 km) in einer möglichst kurzen Zeit zurücklegen, muss man kontinuierlich an seiner Ausdauer arbeiten. Es gibt dabei zwei Dinge zu beachten:

Erstens: Dranbleiben!
Mit jedem Trainingslauf lernt dein Körper, seine Reserven besser einzusetzen. Wenn du über einen längeren Zeitraum hinweg regelmäßig laufen gehst, wirst du also erstmal ganz automatisch auch schneller.
Besonders große Fortschritte machen dabei Laufanfänger. Irgendwann hast du diesen Effekt aber ausgereizt und dann braucht es eine weitere Maßnahme.

Zweitens: Nachdem du schon einige Zeit regelmäßig läufst und wertvolle Lauferfahrungen gesammelt hast, kannst du deine Leistung nun besonders gut mit intensiven Trainingsreizen verbessern. Das funktioniert am besten mit einem Tempotraining. Es gibt verschiedene Arten des Tempotrainings, von denen das Intervalltraining die Königsdisziplin ist. Was ein Intervalltraining genau ist, das erfährst du im folgenden Abschnitt.

Mittel-/ Oberstufe	Zeitrahmen	Zusatzmaterial
	ca. 75 Min.	Stift, Extrablatt

Nachdem du dich, wie bei jeder sportlichen Belastung, gut aufgewärmt hast, kann das Intervalltraining losgehen. Dabei wechselst du zwischen schnellem Laufen und lockerem Laufen hin und her. Statt des lockeren Laufens kannst du auch eine kurze Pause einlegen.

Das Ziel des Intervalltrainings ist es, möglichst viel Zeit in einem intensiven, also schnellen, Tempo zu laufen, um einen möglichst hohen Trainingseffekt zu erzielen. Durch die langsamen Abschnitte wird die Anstrengung in kleine Portionen aufgeteilt, sodass du in einer Trainingseinheit mehr Kilometer in hohem Tempo laufen kannst, als du das am Stück schaffen würdest.

Diese Art von Training kann für den Körper und den Kopf ganz schön anstrengend sein. Viel leichter fällt es uns, wenn das Ganze in ein Spiel verpackt ist.

Dieses Spiel sollst du jetzt mitgestalten. Die Grundidee ist, dass verschiedene Teams versuchen, eine vorgegebene Strecke in möglichst kurzer Zeit zurückzulegen. Diese Strecke führt nicht von A nach B, sondern beginnt an einer Basis, geht von dort fort und wieder dahin zurück. Da es sich um ein Intervalltraining handelt, wird dies mehrere Male wiederholt.

Intervalltraining als Spiel

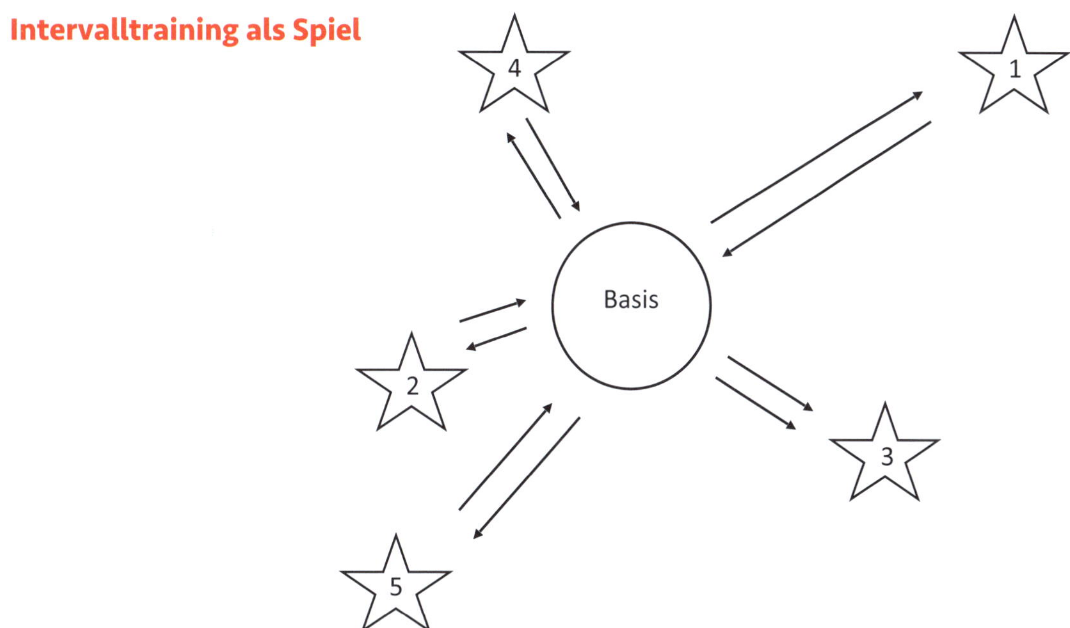

Die entscheidende Frage ist nun: Wohin soll der Weg der einzelnen Intervalle führen? Diese Entscheidung triffst du! Um den Reiz des Spiels zu erhöhen, bekommen die Teams zu Beginn und jedes Mal, wenn sie an der Basis ankommen, eine neue Aufgabe. Deren Lösung können sie nur herausfinden, indem sie an die entsprechende Stelle laufen. Ein Beispiel für eine solche Frage wäre: „Wie viele Treppenstufen sind es bis zum Eingang der Sporthalle?" Das gesamte Team läuft zur Halle, zählt die Stufen, läuft zur Basis zurück und überbringt die Lösung dem Spielleiter.

Erkunde nun dein erweitertes Schulgelände und überlege dir ca. 10 geeignete und abwechslungsreiche Fragen. Achte darauf, dass die Orte nicht zu weit von der Basis weg sind. Sie sollten in einer Entfernung von ca. 3 Minuten (bei zügigem Tempo) zur Basis liegen. Schreibe auch die Lösungen zu deinen Fragen auf.

Mittel-/ Oberstufe	Zeitrahmen	Zusatzmaterial
	ca. 60 – 75 Min.	Stift, Extrablatt

Ein Selfie-Ausdauertraining planen

Selfies begleiten uns fast tagtäglich. Ob beim Sport, im Urlaub oder beim Essen – ein kurzer Schnappschuss und dann weg damit an Freunde, Familie oder in die sozialen Netzwerke. Weil du aus irgendwelchen Gründen heute nicht aktiv am Sportunterricht teilnehmen kannst, sollst du nun ein Ausdauertraining planen, bei dem Selfies noch eine ganz andere Funktion bekommen – nämlich als Beweismittel dienen.

Die Idee des Selfie-Ausdauertrainings ist es, dass kleine Gruppen verschiedene Stationen anlaufen. Als Beweis dafür, dass sie dort waren, müssen sie an den Stationen ein Gruppen-Selfie machen. Das verbessert die Ausdauer, sorgt für lustige Momente und viel Spaß.

Deine Aufgabe ist es nun, Stationen mit hohem Wiedererkennungswert (z. B. vor einem Denkmal/Kirche/...) auszuwählen, an denen die Gruppen ein Beweis-Selfie machen müssen. Achte darauf, dass die Gesamtlaufstrecke nicht zu lange wird. Eine Strecke von 4 – 6 km (das entspricht ca. 30 – 45 Minuten) ist optimal. Wenn du möchtest, kannst du lustige Zusatzaufgaben stellen wie z. B., dass ein Hund mit auf das Selfie muss.

In welcher Reihenfolge die Stationen angelaufen werden, können die Gruppen selbst wählen. Du gibst jedoch jeder Gruppe eine verpflichtende Anfangsstation, an der das erste Selfie geschossen werden muss. Dadurch stellst du sicher, dass sich die Gruppen schön verteilen.

Überlege dir anschließend ein Bewertungssystem, nach dem du die Gewinner:innen ermittelst. Beachte dabei, dass die Kriterien gut überprüfbar sind und man am Ende ein klares Gewinnerteam küren kann.

Tipp: Spannend und lustig wird das Ganze, wenn nicht nur zählt, wer als erstes ins Ziel kommt :-)

- **Stelle Stationen und eventuell Zusatzaufgaben für den Selfie-Lauf zusammen.**

- **Stelle faire Laufgruppen à 3 – 4 Leuten zusammen. Verteile dann die Anfangsstationen.**

- **Erstelle ein überprüfbares Bewertungssystem.**

- **Stelle eine Materialliste zusammen.**

Zeitrahmen	Zusatzmaterial
ca. 35 – 50 Min.	Stift, evtl. Smartphone/Tablet mit Internetanschluss

E-Sports – Sport, Spiel oder Zeitverschwendung?

In Deutschland wird „gedaddelt“, „gezockt“ und „gegamt“, das verrät schon ein Blick in den Duden, in dem diese Verben längst aufgeführt sind. Das Phänomen des elektronischen Sports, auch E-Sports genannt, ist jedoch schon einiges älter als diese Einträge im Wörterbuch.

E-Sports gibt es bereits seit den 1950er-Jahren. Was damals auf dem PC gespielt wurde, nämlich Schach, Dame oder Tic-Tac-Toe, kann man jedoch bei weitem nicht mit den modernen Spielen wie z. B. Dota 2, Fortnite oder League of Legends vergleichen. Der gemeinsame Kern blieb jedoch erhalten. Es geht darum, organisiert, d. h. nach Regeln spielend, in einen Wettkampf zu treten.

Wie viele E-Sportler es in Deutschland genau gibt, ist nicht ganz sicher. Unbestritten ist jedoch, dass E-Sports boomen und längst Teil deutscher Jugendkultur geworden sind. In einigen Ländern, wie z. B. Südkorea, USA, Brasilien, China und Frankreich, sind E-Sports als Sportart anerkannt. In Deutschland ist das bisher (noch) nicht der Fall.

Beantworte die folgenden Fragen:

Welche Erfahrungen hast du mit E-Sports gemacht?

Wie viele E-Sportler:innen kennst du? Wie schätzt du die Zahl an E-Sportler:innen im Vergleich zu herkömmlichen Sportler:innen (Fußballer:innen, Turner:innen usw.) in Deutschland ein?

Warum glaubst du, sind E-Sports so beliebt? Hat die Beliebtheit deiner Meinung nach während der Corona-Pandemie zugenommen?

Mittel-/ Oberstufe	Zeitrahmen	Zusatzmaterial
	ca. 35 - 50 Min.	Stift, evtl. Smartphone/Tablet mit Internetanschluss

E-Sports sind in Deutschland nicht als Sportart anerkannt, Schach hingegen schon. Finde pro und contra Argumente, die für/gegen eine Anerkennung von E-Sports als Sport sprechen.

In Norwegen stehen E-Sports an einigen Schulen sogar im Stundenplan. Falls du einen Internetzugang hast (wenn nicht, mache weiter mit der nächsten Aufgabe), dann schaue dir diesen kurzen Ausschnitt aus der Tagesschau an, in dem darüber berichtet wird.

Würdest du dir das für deine Schule auch wünschen? Begründe deine Antwort.

Stelle dir vor, dein:e Schulleiter:in sieht das ganz anders. Du möchtest ihn:sie von deiner Meinung überzeugen. Finde mindestens fünf überzeugende Argumente.

Mittel-/ Oberstufe	Zeitrahmen	Zusatzmaterial
	ca. 2 x 75 Min.	Stift, mobiles Endgerät mit Internetzugang

Wenn Rückschläge stark machen

Auch wenn du nicht allzu viel über Basketball weißt, von Michael „Air" Jordan hast du sicher schon einmal gehört. Er ist ein großer Sportstar, vielfacher NBA-Meister, Olympiasieger und eine Ikone des Sports weltweit. Den Spitznamen Air Jordan bekam er aufgrund seiner spektakulären Flüge zum Korb. Der Sportartikelhersteller Nike übernahm diesen Namen sogar für einen Schuh, der mittlerweile ein weltweiter Bestseller ist. Man kann also sagen, Michael Jordan ist ein Supertalent, ein Genie seiner Sportart, einer, dem alles zufliegt. Aber ganz so ist es dann doch nicht. Auch wenn Jordan zweifelsohne sehr viel Talent hat, stellt er in vielen Interviews immer wieder klar, dass er hart für seinen Erfolg arbeiten musste – sehr hart sogar:

"I've missed more than 9,000 shots in my career. I've lost almost 300 games. Twenty-six times, I've been trusted to take the game-winning shot and missed. I've failed over and over and over again in my life. And that is why I succeed."

Bearbeite folgende Aufgaben.

Übersetze das Zitat sinngemäß ins Deutsche.

____

____

____

____

Wie geht Michael Jordan mit seinen Misserfolgen um?

____

____

____

____

Das Beispiel von Michael Jordan zeigt, dass Rückschläge einfach zum Sport dazu gehören. Sicher musstest auch du schon den einen oder anderen Rückschlag einstecken. Das kann z. B. eine bittere Niederlage, eine Verletzung, eine schlechte Note oder etwas ganz anderes gewesen sein.

Schreibe eine oder mehrere Situationen auf. Wenn du möchtest, dann schreibe dazu, wie du dich dabei gefühlt hast.

____

____

____

____

Mittel-/ Oberstufe	Zeitrahmen	Zusatzmaterial
	ca. 2 x 75 Min.	Stift, mobiles Endgerät mit Internetzugang

Kennst du eine:n oder sogar mehrere dieser Sportler:innen?

Nadine Angerer	Fabian Hambüchen	Kristina Vogel	Henry Maske	Franziska van Almsick	Matthias Steiner

Fußballerin	Turner	Bahnradfahrerin	Boxer	Schwimmerin	Gewichtheber

Diese Athlet:innen kommen aus ganz unterschiedlichen Sportarten – doch sie vereint eines: Sie mussten sehr schwere Rückschläge einstecken. Alle haben es jedoch auf beeindruckende Weise geschafft, die Herausforderung anzunehmen. Letztlich haben sie es durch harte Arbeit und einen eisernen Willen geschafft, sich aus der Krise herauszukämpfen. Und mehr noch: Am Ende waren sie stärker als davor.

Welche:r diese:r Sportler:innen interessiert dich spontan am meisten? Wähle eine Person aus und erfahre mehr über ihre beeindruckende Geschichte.

Ich möchte mehr wissen über:

____

Recherchiere im Internet und beantworte folgende Fragen.

Was für einen Rückschlag hat diese Person erfahren?

____

____

____

____

____

Was hat die Person getan, um sich aus der Krise zu kämpfen?

____

____

____

____

____

Mittel-/ Oberstufe	Zeitrahmen	Zusatzmaterial
	ca. 2 x 75 Min.	Stift, mobiles Endgerät mit Internetzugang

Hat die Person Hilfe bekommen? Wenn ja, von wem? Wie sah diese Hilfe aus?

Inwiefern konnte die Person den Rückschlag in etwas Positives verwandeln?

Was kannst du aus diesen Erfahrungen für dich nutzen? Das ist eine schwierige Frage, aber es lohnt sich, genau und vielleicht auch etwas länger darüber nachzudenken.

Lass deine Klasse an der Geschichte deines:r Sportlers:in teilhaben. Besprich vorab mit deiner Lehrkraft, wann ein guter Zeitpunkt dafür ist.

Berichte deinen Mitschüler:innen das, was du über den Rückschlag deines:r Sportler:in gelernt hast. Orientiere dich dabei an den obigen Leitfragen. Gerne darfst du weitere Informationen ergänzen.

Platz für deine Notizen:

Zeitrahmen	Zusatzmaterial
ca. 2 x 75 Min.	Stift, mobiles Endgerät mit Internetzugang

Schaffst du es, anschließend deine Klasse zum Gespräch über Rückschläge anzuregen?

Überlege dir dafür vorab 3 – 5 Fragen, höre ihnen genau zu und versuche dann auf das Gesagte einzugehen.

Oberstufe	Zeitrahmen	Zusatzmaterial
	ca. 2 x 75 Min.	Stift, evtl. Extrablatt

Inhibition-Training

 **Lies den folgenden Artikel von Philipp Crone aus der Süddeutschen Zeitung (27.01.2018).** [1]

Messi läuft mit dem Ball am Fuß so, als hätte er keinen Ball am Fuß

Matthias Nowak will, dass Fußballer den Ball vergessen. Darum lässt er sie hüpfen und klatschen. Die Damen des FC Bayern wurden mit seiner Hilfe Meister. Jetzt ist er international gefragt.

Das, was der Mann auf dem Parkplatz des FC Bayern da gerade vorturnt, soll schwierig sein? Matthias Nowak trägt einen grauen Trainingsanzug, blondes, schulterlanges Haar und macht sich bereit für die Übung. Dann springt er in kurzen Hopsern nach vorne, gleichzeitig boxt er mit den Armen nach oben, mal zur Seite, klatscht über dem Kopf die Hände zusammen oder hinter dem Rücken und ruft dabei „Drei, fünf, vier, sechs". Das, was der 51-jährige frühere Techniktrainer des FC Bayern da macht, ist nicht schwierig. Es ist unmöglich. Im ersten Moment zumindest, wenn einer seiner Spieler aus den Jugendmannschaften an der Säbener Straße oder Spielerinnen von der Frauenmannschaft die Übung versucht. Rechnen und alle vier Gliedmaßen gleichzeitig unterschiedlich bewegen, nach einer bestimmten Vorgabe. In diesem Fall: Jede Armbewegung ergibt beim Zählen plus zwei, jedes Klatschen minus eins, dabei bewegen sich die Beine wie die der Pferde beim Dressurreiten, die Übung heißt Horse Jump.Und was soll das jetzt für einen Fußballer bringen? Nowak kennt diese Frage nur zu gut. Seine Kunden kennen aber auch die Wirkung seiner Arbeit nur zu gut. Bis November war sein Kunde der FC Bayern, derzeit verhandelt er mit Clubs der Premier League, die ihn engagieren möchten.

Dass er gefragt ist, dieses Gefühl ist für Nowak relativ neu. Ihn begleiteten sein ganzes Berufsleben lang vor allem Skepsis und Ablehnung. Aber er hat auch positive Erfahrungen gemacht, zuletzt vier Jahre bei der Frauenmannschaft des FC Bayern, die Deutscher Meister geworden ist. Der Mann, der ein wenig an Campino von den Toten Hosen erinnert, nur mit blonder Mähne, schaut bei solchen Fragen ein ganz kleines bisschen betroffen. Schon wieder Zweifel, denkt er sich wohl. Und gleichzeitig lächelt er, denn nach Jahrzehnten als Techniktrainer, mit Erfahrungen aus Brasilien, Workshops auf der ganzen Welt und immer mehr Unterstützung aus der Wissenschaft ist er nun selbstbewusst genug, um zum Beispiel Sätze zu sagen, wie: „Gehirntraining wird sich etablieren." Oder auch Kritik an fundamentalen Elementen des Fußballs zu üben: „Fünf gegen zwei ist im Grunde keine sinnvolle Übung." Er wird das gleich noch erklären. Man muss mit dem Mann im Trainingsanzug nur ein paar Minuten auf dem Parkplatz stehen, um zu verstehen, wovon er spricht.

Autofahrer dürfen auch nicht überlegen: Jetzt kuppeln oder schalten? Nowaks Grundidee ist einfach: Der Kopf muss in Sachen Bewegung und Körperkoordination überfordert werden, damit er lernt und die Körperkoordination besser wird. Nowak sagt dazu: „Ich will erreichen, dass bei allem, was man mit dem Ball am Fuß macht, möglichst wenig Lichter im Kopf angehen. Die Hirn-Kapazitäten kann ein Spieler besser verwenden, um richtige Entscheidungen in Spielsituationen zu treffen."

Je mehr Bewegungen unterbewusst automatisch ablaufen, desto mehr Bewusstsein hat der Sportler zur Verfügung, um richtig zu reagieren. Ein Autofahrer darf in einer brenzligen Situation auf der Straße ja auch nicht bewusst daran denken müssen, ob er erst die Kupplung tritt oder den Schalthebel bewegt. „Messi läuft mit dem Ball am Fuß so, als hätte er keinen Ball am Fuß." Also muss das Bewegungsgehirn trainiert werden, wie ein Muskel beim Krafttraining,

[1] https://www.sueddeutsche.de/muenchen/kreativtrainer-messi-laeuft-mit-dem-ball-am-fuss-so-als-haette-er-keinen-ball-am-fuss-1.3843252 abgerufen am 15.06.2023

bis an den Rand der Überforderung. Nur dann wächst der Muskel. Oder wie es der frühere Dortmunder Trainer Thomas Tuchel formuliert hat: „Eine Übung muss Stress erzeugen."

Deshalb ist ein Fünf-gegen-zwei auch nicht sinnvoll, sagt Nowak. Wenn es für den Spieler etwas bringen soll, müsste man die Übung erschweren. „Zum Beispiel kann man eine Zusatzregel aufstellen: Der Ball darf bei diesem Ein-Kontakt-Spiel immer nur in der Reihenfolge rechts, rechts, links gespielt werden." Der erste Spieler kickt mit rechts, der zweite auch, der dritte muss den Ball mit links weiterspielen. Alle müssen pausenlos mitdenken, bewusst ihre Position zum Ball immer wieder korrigieren, und dabei zählen. Ihr Kopf wird gefordert, überfordert. Nowak kennt diese Momente von seinen Sportlern – wenn sie überfordert sind, dann einen Ehrgeiz entwickeln. Und nach einer Zeit mit den Übungen, die immer schwieriger werden, weil immer mehr Regeln dazu kommen, merken sie im Spiel, wie sie besser spielen. Wie besser? Gleich. Der Reihe nach, sagt Nowak. Auch das ist eine wichtige Regel beim Gehirn- und Techniktraining.

Nowak hat zum November seinen Vertrag beim FC Bayern aufgelöst, weil er es jetzt im Männerprofifußball wissen will, derzeit laufen Gespräche mit englischen Vereinen. Jeder Club sucht Ressourcen und Bereiche, mit und in denen die Spieler noch besser werden können. Nowak hat klare Vorstellungen, wie sich der Fußball entwickelt hat, und vergleicht ihn gerne auch mit anderen Sportarten wie etwa Basketball. Fußball kommt da oft nicht so gut weg – obwohl er ihn so liebt.

Nowak stammt aus Hagen in Nordrhein-Westfalen. Als Kind hat er nichts anderes gemacht, als Fußball zu spielen. „Ich war der Einzige in meiner Klasse, der im Trainingsanzug und mit Ball unter dem Arm in die Schule kam." Er war gut, sechs Stunden pro Tag auf dem Bolzplatz, auf der Straße, wurde Jugendbundesligaspieler, Rechtsaußen, kickte mit dem heutigen Trainer Michael Skibbe oder Olaf Thon. „Damals war das ein anderer Sport, ich hatte rechts außen jede Menge Zeit und Raum." Nowak kickte und kickte, jeden Tag, meist auf Beton. Mit 16 rutschte er in einem Training beim SSV Hagen aus, es wirkte harmlos, aber es war das Ende seiner Karriere, in den Sprunggelenken hatte Nowak schon keinen Knorpel mehr. Ein Schock.

Nowak begann eine Bank-Ausbildung, arbeitete bei der Sparkasse, der Fußball war eine Zeit lang weit weg, kam erst zurück, als Nowak weit weg ging, zu einer Gastfamilie in den USA, dort war der Vater Fußballtrainer und stand mit einem Lehrbuch auf dem Platz. Das konnte sich Nowak nicht ansehen, er übernahm das Training und merkte: Training taugt mir. Und dann lernte er, dass es bei den US-Sportarten wie etwa beim Basketball Spezial-Trainer gibt. Das war es. Das wollte er werden, Spezial-Coach im Fußball. Also musste er sich ausbilden lassen. 1993, Nowak war 27, bewarb er sich für eine Hospitanz in Brasilien, „da ging das noch einfach, da waren die Brasilianer fast gönnerhaft gegenüber mir als Deutschem".

Nowak sieht die Entwicklung des Fußballs so: Damals waren die Deutschen gut, weil sie physisch oft überlegen waren, dann kam eine gute Ausbildung dazu, heute allerdings steht der Fußball allgemein vor dem Problem: „Die Top-50-Nationen sind mittlerweile alle perfekt geschult beim Spiel gegen den Ball im letzten Drittel des Spielfelds." Derzeit sei in der Fußball-Evolution die Phase der Analyse, mit immer besseren Techniken werde alles ausgewertet, die Laufwege aufgezeichnet, individuelle Videos würden angefertigt.

„Irgendwann braucht man dann aber wieder Spieler, die es trotz guter Defensivtaktiken schaffen, Lösungen vor dem Strafraum zu finden." Er meint: Spieler, die genug Lichter im Kopf frei haben, um unter Druck kreativ zu sein am Ball, Spieler, die ihr Gehirn gut trainiert haben. Spieler, die sich optimal zum Ball bewegen, weil im Spiel in Drucksituationen jede zusätzliche Bewegung zu Zeit- und dann zum Ballverlust führen kann. Etwa, wenn ein Mittelfeldspieler noch einen zusätzlichen Schritt beim Aufdrehen machen muss. Oder Spieler, die eine gute Inhibitionsfähigkeit haben.

„Ein Spieler hat den Ball, sieht ein freies Passfenster zum Mitspieler und will den Ball spielen. Plötzlich nähert sich ein gegnerischer Spieler, um den Pass zu unterbinden. Jetzt müsste der Spieler innehalten und den Prozess des Passens stoppen." Dann aber spielten die Spieler den Pass trotzdem oft noch, aber „etwas härter zum Beispiel". Spieler mögen es nicht, „viel Energie aufzubringen und dann nichts davon zu haben". Und sie sind oft gar nicht mehr in der Lage, ihre Entscheidung zurückzunehmen. Weil sie nicht mehr genug geistige Kapazitäten frei haben, wenn sie mit dem Ball und der Bewegung beschäftigt sind. „Bei Xavi und Iniesta hat man in Tests gesehen, dass sie eine sehr gute Inhibitionsfähigkeit haben", sagt Nowak.

Spieler können, wenn die Ballbehandlung automatisiert ist, ihre Aufmerksamkeit im Spiel noch mehr auf die Bewegungen der Mitspieler konzentrieren. „Der Moment, kurz bevor der Stürmer in den Raum startet, den kann man vorausahnen anhand von Bewegungsknotenpunkten einer typischen Bewegung des Stürmers." Der gute Spieler sieht, dass der Stürmer gleich startet und setzt das vielleicht in einen Pass um - oder eben auch nicht. Er entscheidet mehr als dass er reagiert, was Spielern meist passiert, wenn sie nicht gut orientiert sind, weil sie sich zu sehr auf den Ball fokussieren müssen. Die Frage, ob ein Spieler kreativ ist, muss eigentlich immer lauten: Ist er unter Druck kreativ? Der frühere DFB-Direktor Hansi Flick bemängelte gerade erst in einem Interview über die Ausbildung in Deutschland die fehlenden Fähigkeiten von Fußballern unter Druck.

Der FC Bayern gab ihm eine Chance. Damals in Brasilien, da sah der junge Nowak völlig neue Trainingsmethoden beim Zweitligisten Fortaleza. Trainiert wurde mit Musik, im Rhythmus, es wurde am Ball geklatscht, die Spieler waren permanent gefordert. Noch heute macht Nowak mit seinen Spielern die Übung „Balltänzer", die er dort lernte. „Das alles hat in Deutschland damals aber niemanden interessiert." Erst mit der Ära Klinsmann zog etwas mehr Neugierde auf Neues in der Ausbildung in den Fußball ein, sagt der Coach.

Nowak hielt einige Zeit nach seinem Besuch in Brasilien einen Vortrag in Deutschland am Institut für Jugendfußball. In der Pause gingen die meisten, ein Tiefpunkt. Zu der Zeit war er hauptberuflich als Banker bei der Credit Suisse, bis die 2001 ihr Deutschlandgeschäft einstellte und er arbeitslos wurde. Er arbeitete bei den Frauen der SG Wattenscheid 09, kam dann über ein Seminar in Bad Aibling nach Bayern. Man stellte ihn in dort als Parkwächter an, nebenbei schulte er die örtlichen Spieler und versuchte es beim FC Bayern. Er bot an, ein halbes Jahr im weiblichen Jugendbereich jede Woche 45 Minuten Training zu geben. „Die haben mir die Chance gegeben." Im Laufe der Jahre trainierte er immer mehr Teams, die Profimannschaft der Frauen, unter Trainer Thomas Wörle, früher selbst Spieler. „Zu dessen Zeit wäre das niemals gegangen", sagt Nowak, „da hätten die mich vom Hof gejagt." Aber die Zeiten sind andere, Wörle unterstützte ihn, Nowak trainierte bald auch die U 9, U 13, U 15 und U 19 im männlichen Bereich.

Heute haben englische Clubs Interesse an seiner Arbeit, auch zwei Bundesligavereine, Nowak hat ein Buch veröffentlicht, gibt Einzeltraining für Talente, als nächstes geht es dafür nach Malaysia. „Ich will es jetzt noch einmal wissen, so lange kann ich in dem Bereich ja nicht mehr arbeiten, weil ich irgendwann die ganzen Übungen nicht mehr vorturnen kann." Das ist noch immer wichtig. Die Spieler wollen überzeugt werden, dann erst beginnen sie, sich selbst zu motivieren. „Die Spieler sind hungrig und sie merken, dass sie bei dem Training immer seltener überreagieren im Spiel."

Rechnen und Bewegen - trainiert wird alles auf einmal. Zunächst wird ein Spieler unter Druck cooler, danach im nächsten Schritt sucht er die Drucksituationen. „Der muss seiner Intuition trauen können. Intuitiv handeln statt denken." Intuition ist das automatische Ballbehandeln und Bewegen und das Erkennen von Spielsituationen, weil der Kopf dafür frei ist. Und das alles trainiert Nowak durch einfache Rechenübungen und Bewegungen, nur eben immer alles auf einmal, gleichzeitig. Alles gleichzeitig zu lösen ist die Voraussetzung dafür, es im Spiel dann in ganz kurzen zeitlichen Abständen nacheinander zu schaffen.

Beim Golf sind die Sportler begeistert von seinem Training, sagt Nowak. Und es ist ja nicht so, dass er das erfunden hätte. In anderen Sportarten werden seit Längerem Gehirnjogging-Aufgaben eingebaut. Nowak hüpft noch einmal über den Parkplatz, „drei vier zwei". Er sagt: „Ich mache keine besseren Fußballer aus den Spielern, ich mache sie nur flexibler." Er lächelt, ein bisschen zurückhaltend wie sonst auch, aber auch ein bisschen schelmisch. Er weiß: Natürlich macht er die Spieler besser, aber das sagt er lieber nicht. Intuition.

Oberstufe	Zeitrahmen	Zusatzmaterial
	ca. 2 x 75 Min.	Stift, evtl. Extrablatt

- **Was versteht man unter Inhibition-Training? Warum ist es sinnvoll?**
  Markiere wichtige Stellen im Text und schreibe eine kurze Zusammenfassung.

  ____

  ____

  ____

  ____

  ____

  ____

- **Überlege dir eigene Übungen für ein Inhibition-Training. Starte mit einfachen Übungen und ordne sie so, dass sie zunehmend schwieriger werden.**

  ____

  ____

  ____

  ____

  ____

  ____

- **Probiere, wenn du dich fit genug fühlst, die Übungen selbst kurz aus.**

- **Entscheide dich für die besten fünf Übungen. Skizziere oder beschreibe sie kurz. Nutze dafür ein Extrablatt oder die Rückseite. Gib deine Aufzeichnungen deinem:r Lehrer:in ab.**

- **Zu Beginn der nächsten Stunde wirst du deinen Mitschüler:innen kurz erklären, was Inhibition-Training ist und warum es sinnvoll ist. Anschließend wirst du deine Übungen anleiten und mit ihnen ein 5- bis 7-minütiges Inhibition-Training durchführen.**

Oberstufe	Zeitrahmen	Zusatzmaterial
	ca. 2 x 75 Min.	Stift, Schere

Schiedsrichter:in sein im Volleyball

Wir schreiben das Jahr 1895. Der Amerikaner William George Morgan erfindet, als Zeitvertreib für die älteren Mitglieder seines Sportvereins, ein neues Spiel und nennt es „Mintonette". Das Spiel gilt als sanftere Alternative zum wesentlich körperlicheren Basketball. Es geht darum, den Ball möglichst so über ein Netz zu spielen, dass er im gegnerischen Feld den Boden berührt. Beim Mintonette sind sowohl Spielerzahl als auch die Anzahl der Ballberührungen unbegrenzt. Wie du es vom Tennis kennst, gab es beim Aufschlag einen zweiten Versuch, insofern der erste misslang. Das Feld, auf dem Mintonette gespielt wurde, maß 25 ft x 50 ft, was einer Größe von 7,6 m x 15,2 m entspricht. Das Netz hing, obwohl die Menschen zu dieser Zeit noch deutlich kleiner waren als heute, auf beeindruckenden 1,98 m.

Vergleiche nun mit Hilfe der untenstehenden Tabelle das Mintonette- mit dem modernen Volleyballspiel. Basierend auf dem was du bisher weißt: Wo liegen die Gemeinsamkeiten und Unterschiede?

Mintonette und modernes Volleyball im Vergleich	
Gemeinsamkeiten	Unterschiede

Damals wie heute braucht es beim Volleyballspiel unparteiliche Personen, die das Spielgeschehen nach bestem Wissen und Gewissen fair leiten. Beim Volleyball gibt es zwei Schiedsrichter:innen und mehrere Linienrichter:innen und Schreiber:innen. Der:die erste Schiedsrichter:in leitet das Spiel und hat bei allen Entscheidungen das letzte Wort. Der:die zweite Schiedsrichter:in hilft bei der Entscheidungsfindung. Die Aufgabenaufteilung zwischen den beiden ist dabei klar definiert. Der:die erste Schiedsrichter:in beobachtet in erster Linie den Ball und die Spielaktionen. Der:die zweite achtet hingegen vor allem auf Netzberührungen und Mittellinien-Übertritte.
Am Ende der heutigen Sportstunde wirst du als erste:r Schiedsrichter:in das Abschlussspiel pfeifen. Bis du soweit bist, musst du aber noch einiges lernen.

**Lies nun die untenstehenden Regeln und schaue dir die Schiedsrichter-Handzeichen dazu an.
Gehe sie so oft durch, bis du sie vollkommen verstanden hast. Hast du Probleme eine Regel zu verstehen, dann frage deine:n Lehrer:in um Hilfe.**

Lerne anschließend die Regeln und die dazugehörigen Schiedsrichterhandzeichen auswendig.

Oberstufe	Zeitrahmen	Zusatzmaterial
	ca. 2 x 75 Min.	Stift, Schere

Quelle: DVV (2017). Internationale Spielregeln Volleyball. Hofmann.

Regel-Beschreibung	Schiedsrichterzeichen	Aktion
Der Aufschlag: Nur ein Versuch. Der Ball muss ins gegnerische Feld geschlagen werden.		Team anzeigen, das Aufschlag hat und danach die Aufschlagsrichtung anzeigen.
Punktgewinn: Das angreifende Team erhält einen Punkt, wenn der Ball im Spielfeld oder auf der Begrenzungslinie des Gegners landet. Nach jedem Fehler bekommt das gegnerische Team einen Punkt		Ball „drin" und Punkt für das angreifende Team.
Fehler: Ball im „aus" Der Ball ist „aus", wenn er 1. das Feld nicht berührt. 2. Decke/Antenne/Pfosten berührt. 3. außerhalb der Antenne vorbeigeht. 4. nicht geschlagen sondern geworfen/gehalten wird.		Ball „aus".
Fehler: Doppelberührung Wenn ein Spieler zwei Ballkontakte nacheinander ausführt. Häufig bei unsauberem Pritschen, wenn die Hände den Ball nacheinander statt gleichzeitig berühren. Achtung: Nach einem Block darf der Ball ein zweites Mal gespielt werden.		Doppelberührung.
Fehler: Aufschlagfehler Beim Aufschlag darf die Grundlinie nicht betreten werden.	Schiri zeigt auf Grundlinie	Aufschlagfehler: Berühren der Grundlinie.

Oberstufe	Zeitrahmen	Zusatzmaterial
	ca. 2 x 75 Min.	Stift, Schere

Regel-Beschreibung	Schiedsrichterzeichen	Aktion
Fehler: Vier Berührungen Innerhalb eines Teams sind bis zu 3 Ballberührungen erlaubt, um den Ball übers Netz zu bringen. Eine vierte Berührung ist nicht gestattet.		Vier Berührungen innerhalb eines Teams.
Fehler: Aufschlag ins Netz Schafft es ein Aufschlag beim ersten Mal nicht über die Netzkante, so ist das ein Fehler. **Fehler: Netzberührung** Auf die gleiche Weise wird angezeigt, wenn ein:e Spieler:in das Netz berührt.		Aufschlag bleibt am Netz hängen Ein:e Spieler:in berührt das Netz.
Fehler: Netzübertritt Ein kompletter Übertritt der Mittellinie ist in jedem Falle ein Fehler. Ein Betreten der Mittellinie ist dann ein Fehler, wenn es den:die Gegner:in behindert.	Schiri zeigt auf Mittellinie	Netzübertritt.
Fehler: Touché Berührt ein Spieler den Ball bevor dieser ins „Aus" fliegt, so gilt dies als Fehler.	Mit der Handfläche einer Hand über die Finger der anderen Hand streichen.	„Touché" bzw. Ball berührt.
Satz- oder Spielende Das Satzende ist erreicht, wenn eine Mannschaft 25 Punkte erzielen konnte und mindestens zwei Punkte mehr hat als das Gegnerteam (also z. B. 25:23). Bei 24:24 Gleichstand wird der Satz so lange fortgesetzt, bis es einem Team gelingt, sich mit zwei Punkten abzusetzen. Das Spielende ist erreicht, wenn ein Team drei Sätze gewonnen hat. Bei 2:2 Satzgleichstand wird ein entscheidender 5. Satz bis 15 Punkte gespielt.		Satz- oder Spielende.

Oberstufe	Zeitrahmen	Zusatzmaterial
	ca. 2 x 75 Min.	Stift, Schere

Teste-Dich-Karten

Quelle: DVV (2017). Internationale Spielregeln Volleyball. Hofmann.

Begriff	Handzeichen
Vier Berührungen innerhalb eines Teams	
Aufschlag bleibt am Netz hängen Ein:e Spieler:in berührt das Netz	
Netzübertritt	Schiri zeigt auf Mittellinie
„Touché" bzw. Ball berührt	Mit der Handfläche einer Hand über die Finger der anderen Hand streichen
Satz- oder Spielende	

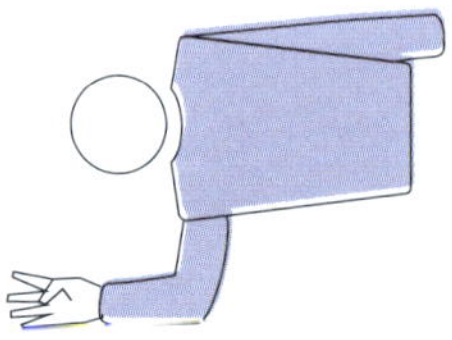

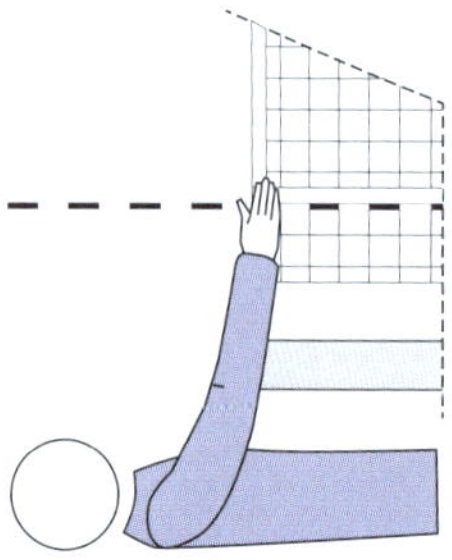

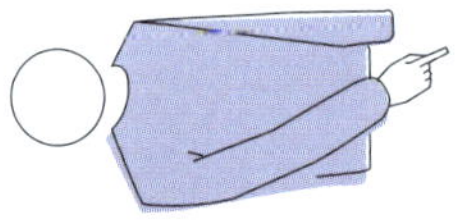

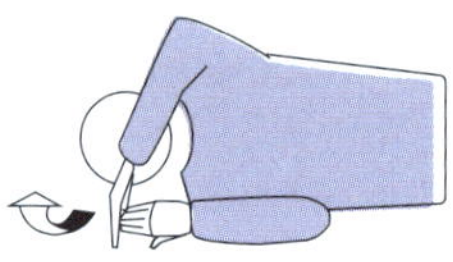

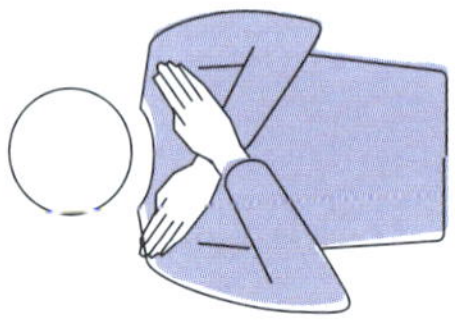

Begriff	Handzeichen
Team anzeigen, das Aufschlag hat und danach die Aufschlagsrichtung anzeigen	
Ball „drin" und Punkt für das angreifende Team	
Ball „aus" – Punkt für das verteidigende Team	
Doppelberührung	
Aufschlagfehler: Berühren der Grundlinie	Schiri zeigt auf Grundlinie

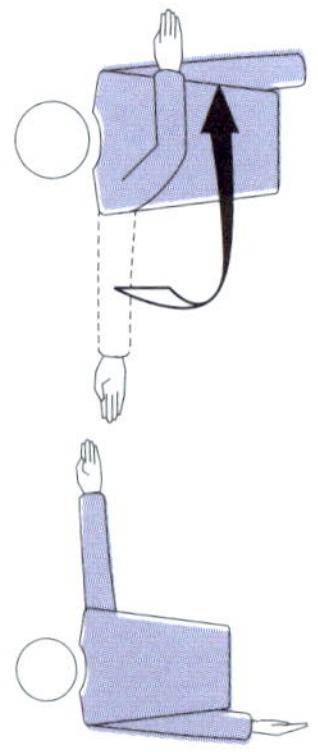

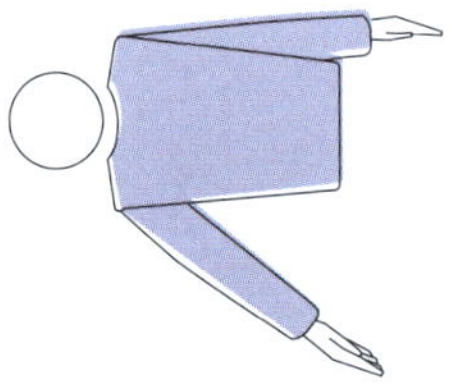

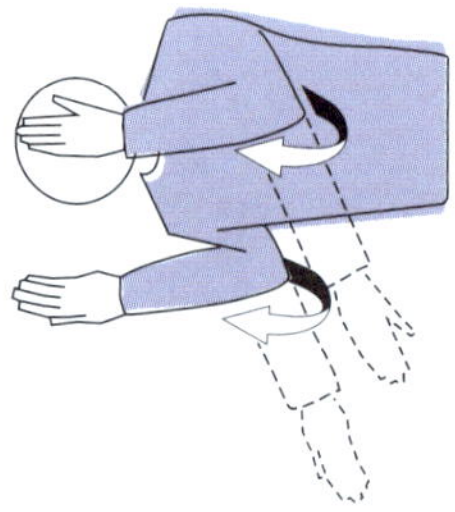

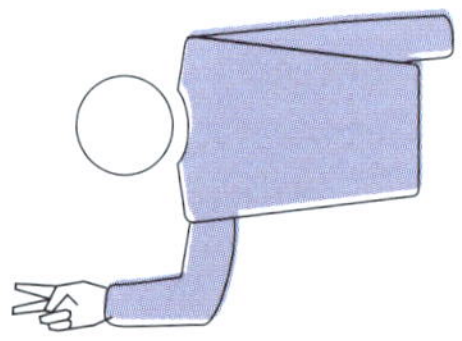

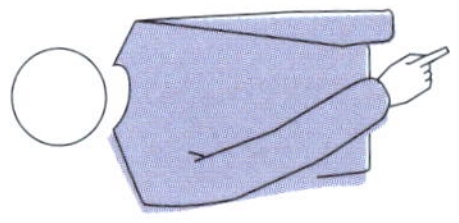

Oberstufe	Zeitrahmen	Zusatzmaterial
	ca. 2 x 75 Min.	Stift, Schere

- **Schneide die Teste-Dich-Karten aus.**

- **Mische sie und lege sie auf einen Stapel.**

- **Ziehe nun die erste Karte vom Stapel und benenne entweder die entsprechende Aktion (wenn du ein Bild gezogen hast) oder mache das korrekte Schiri-Zeichen zur Aktion (wenn du eine Beschreibung gezogen hast). Prüfe deine Antworten.**

  Tipp: Wenn ihr zu zweit/dritt seid, könnt ihr euch auch gegenseitig abfragen.

- **Gehe alle Karten so oft durch, bis du den ganzen Stapel in einem Schwung richtig lösen kannst.**

- **Machen deine Mitschüler:innen gerade/später ein Abschlussspiel?**
  Suche dir ein Spielfeld aus und pfeife das Spiel wie ein:e echte:r Volleyball-Schiedsrichter:in.
  Mit ein bisschen Übung kannst du sicher auch bald das Schulturnier pfeifen.

Oberstufe	Zeitrahmen	Zusatzmaterial
	ca. 45 – 60 Min.	Stift, Extrablatt

Der Sportgedanke heute

Die meisten Kinder und Jugendlichen treiben in ihrer Freizeit gerne Sport.

Schreibe spontan die ersten 12 Sportarten auf, die dir einfallen.

____

____

____

Die Sportarten, die du gerade aufgeschrieben hast, sind sicher sehr unterschiedlich. Manche benötigen Spielgeräte (z. B. Bälle, Schläger), eine spezielle Ausrüstung (z. B. Skifahren), mehrere Spieler:innen (z. B. Handball), eine besondere Umgebung (z. B. Eiskunstlauf, Schwimmen) oder sogar eine Kombination aus den genannten.

Fertige nun eine Mindmap zum Überthema „Sport" an. Das unten stehende Beispiel soll dir eine Idee geben, wie so etwas aussehen kann. Überlege dir verschiedene Kategorien und Unterkategorien, mit denen du Sportarten einteilen kannst.

Beispiel:

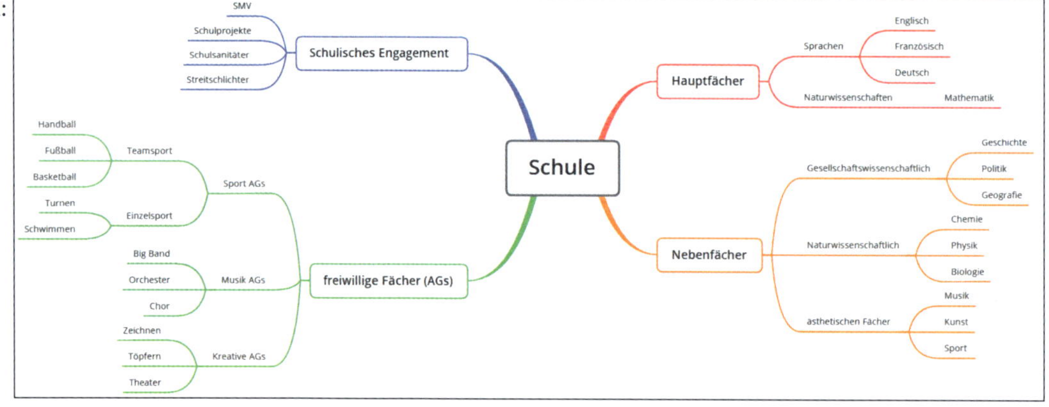

Überlege, was *alle* Sportarten *gemeinsam* haben. Schreibe deine Ergebnisse auf:

____

____

____

____

____

____

____

Oberstufe	Zeitrahmen	Zusatzmaterial
	ca. 45 – 60 Min.	Stift, Extrablatt

Anhand deiner bisherhigen Überlegungen sollst du nun versuchen, eine Definition von Sport zu formulieren. Das ist keine einfache Aufgabe. Falls du Schwierigkeiten haben solltest, bearbeite zuerst die nächste Aufgabe und kehre dann zu dieser Aufgabe zurück.

____

____

____

____

____

____

Lies die verschiedenen Definitionen von Sport. Unterstreiche Aspekte, die du besonders wichtig findest. Kehre dann zu vorheriger Aufgabe zurück.

Duden online

1a. nach bestimmten Regeln [im Wettkampf] aus Freude an Bewegung und Spiel, zur körperlichen Ertüchtigung ausgeübte körperliche Betätigung
1b. Sport als Fachbereich, Unterrichtsfach o. Ä.
1c. sportliches Geschehen in seiner Gesamtheit
1d. Sportart

2. Liebhaberei, Betätigung zum Vergnügen, zum Zeitvertreib, Hobby

(https://www.duden.de/rechtschreibung/Sport)

Röthig im Sportwissenschaftlichen Lexikon

„Sport wird somit konstituiert durch

- motorische Aktivitäten, die auf den Erwerb und das Verbessern spez. koordinativer und konditioneller Fähigkeiten abzielen,
- in der Regel motorische Handlungen, die im Erreichen bzw. Übertreffen weitgehend künstlich gesteckter Ziele ihren Sinn haben,
- einen charakteristischen und verbindlichen Handlungskodex, mit dem sportliche Aktivitäten hinsichtlich der Abläufe, der Organisationsstrukturen und der Handlungsnormen geregelt sind …
- die künstliche Erzeugung einer Ebene, auf der motorische Aktivitäten von Aspekten des produktiven Nutzhandelns freigesetzt sind und sich überwiegend konsequenzlos, also spielerisch vollziehen können…"

(http://sportunterricht.de/lksport/wasistsport.html)

Brockhaus 17. Auflage 1973

„… Sammelbezeichnung für die an spielerischer Selbstentfaltung (Spiel) und am Leistungsstreben orientierten Formen menschlicher Betätigung, die der körperlichen und geistigen Beweglichkeit dienen, bes. auf dem Gebiet der Leibesübungen. Diese Tätigkeiten, die in den meisten Fällen um ihrer selbst willen und aus Freude an der Überwindung von Schwierigkeiten ausgeübt werden, sind gewöhnlich regelgebunden und werden im freiwilligen Wettkampf und in eigens dafür bestimmten Organisationsformen gepflegt. Die spielerische Bewegung zur Selbststeigerung ohne Wettkampfstreben entfaltet sich zumeist individuell und unorganisiert."

(http://sportunterricht.de/lksport/wasistsport.html)

Microsoft Encarta Enzyklopädie 2000

„… Sammelbezeichnung für alle bewegungs-, spiel- oder wettkampforientierten körperlichen Aktivitäten des Menschen. (…)
Sportliche Aktivitäten, sie können einzeln oder in Gruppen als Mannschaftssport ausgeübt werden, sind in erster Linie leistungsorientiert und dienen der Selbstentfaltung des Individuums.
In der Antike stand der Wettbewerb, in späteren Jahrhunderten der Zeitvertreib, die Zerstreuung und das Vergnügen im Vordergrund. Im 18. Jahrhundert bildete sich zuerst in England zum einen das Amateurprinzip und zum anderen die Professionalisierung des Sportes heraus.
Alle Sportarten sind Teil des gesellschaftlichen Lebens und somit den historischen, sozialen, politischen und wirtschaftlichen Wandlungen unterworfen … ."

(http://sportunterricht.de/lksport/wasistsport.html)

Oberstufe	Zeitrahmen	Zusatzmaterial
	ca. 1 – 3 x 75 Min.	Stift, evtl. Post-its, Tablet/Laptop mit Internetzugang

Kurzvortrag zur aktuellen Sportart

Während deine Mitschüler:innen gerade aktiv sind, sollst du dich theoretisch mit der Sportart auseinandersetzen, die ihr aktuell im Unterricht behandelt. Und zwar mit Hilfe von Pecha Kucha (klingt ausgesprochen in etwa wie „Petscha Kutscha"). Dabei handelt es sich um eine spezielle Methode zur Präsentation von Vorträgen. Der Name kommt aus dem Japanischen und bedeutet in etwa so viel wie „wirres Geplapper". Das ist ein bisschen irreführend, denn Pecha Kucha soll dir helfen, genau das zu vermeiden. Stattdessen sollst du einen kurzweiligen und spannenden Vortrag vorbereiten und später präsentieren. Also, um was geht es?

Pecha Kucha ist eine Präsentationsform, die ein sehr genaues Schema hat:

1. Präsentiert werden genau 20 PowerPoint-Folien.
2. Zu jeder Folie wird genau 20 Sekunden lang gesprochen.
3. Es dürfen ausschließlich Bilder auf die Folien. Am besten genau eins pro Folie.

Das bedeutet, dass deine Präsentation genau 20 Aspekte beinhaltet, über die du sprechen sollst. Das entspricht einer Präsentationsdauer von genau 6:40 Minuten (20 x 20 Sekunden). Bevor du startest, bespreche zunächst mit deinem:r Lehrer:in, wie viele Folien du vorbereiten sollst. Es kann gut sein, dass fünf bis acht Folien schon ausreichen.

Scanne den QR und schaue dir die Pecha-Kucha-Präsentation über Pecha Kucha an.

https://www.youtube.com/watch?v=YU3VY4ZG2Xs

Brainstorming: Was fällt dir spontan alles zur Sportart ein, die ihr gerade im Unterricht behandelt? Schreibe alles auf (nutze eventuell die Rückseite).

Oberstufe	Zeitrahmen	Zusatzmaterial
	ca. 1–3 x 75 Min.	Stift, evtl. Post-its, Tablet/Laptop mit Internetzugang

Hast du folgende Aspekte bedacht?

Herkunft der Sportart, Besonderheiten (z. B. viel Körperkontakt, hohe Konzentration), Bewegungsintensität, körperliche Voraussetzungen, Regeln, berühmte Sportler:innen, starke Nationen

Nein? Dann erweitere deine Notizen um die fehlenden Aspekte. Eventuell musst du dafür KURZ recherchieren. Halte es bewusst sehr kurz, denn du weißt ja noch nicht, ob du diese Infos überhaupt in deinen Vortrag aufnehmen möchtest.

Welche Aspekte möchtest du in deine Präsentation aufnehmen? Wähle die abgesprochene Anzahl aus. Markiere sie.

In welcher Reihenfolge möchtest du diese Aspekte präsentieren? Trage sie in der gewünschten Reihenfolge in die zweite Spalte der untenstehenden Tabelle ein.

Tipp: Arbeite mit Post-its, dann kannst du die Reihenfolge später ganz einfach ändern.

Überlege dir nun, was du zu den einzelnen Aspekten sagen möchtest. Nutze die Tabelle oder Post-its und schreibe nur Stichwörter auf. Wenn du in der Tabelle/auf dem Post-it keinen Platz mehr hast, dann ist es definitiv zu viel Text. Denke daran: Du hast nur 20 Sekunden Sprechzeit pro Folie.

Stelle nun eine PowerPoint-Präsentation zusammen. Suche zu jedem Aspekt ein Bild aus. Platziere es groß auf der Folie. Kein Text und kein Schnickschnack, dadurch ist die Präsentation schnell erstellt.

Stelle deine Präsentation so ein, dass nach 20 Sekunden automatisch die nächste Folie gezeigt wird: Übergänge → Haken „Bei Mausklick" löschen und bei „Nach" setzen. 20 Sekunden einstellen.

Und nun: Üben, üben, üben. Denn eine Pecha Kucha gelingt nur, wenn du genau weißt, was du zu jeder Folie sagen möchtest.

Oberstufe	Zeitrahmen	Zusatzmaterial
	ca. 1 – 3 x 75 Min.	Stift, evtl. Post-its, Tablet/Laptop mit Internetzugang

Bespreche mit deinem:r Lehrer:in, wann du die Präsentation vorträgst. Viel Erfolg!

	Aspekt	**Inhalt**
Folie 1		
Folie 2		
Folie 3		
Folie 4		
Folie 5		
Folie 6		
Folie 7		
Folie 8		
Folie 9		
Folie 10		

Oberstufe	Zeitrahmen	Zusatzmaterial
	ca. 1 – 3 x 75 Min.	Stift, evtl. Post-its, Tablet/Laptop mit Internetzugang

Folie 11		
Folie 12		
Folie 13		
Folie 14		
Folie 15		
Folie 16		
Folie 17		
Folie 18		
Folie 19		
Folie 20		

Joker

Diese Aufgabe

geht immer

Unter-/Mittel-/ Oberstufe	Zeitrahmen	Zusatzmaterial
	ca. 35 – 50 Min.	Stift, evtl. eigenes Smartphone mit Internetzugang

Erstelle eine Playlist für deinen Sportunterricht

Sicher kennst du das Gefühl: Wenn der richtige Beat dich anspornt, kannst du nochmal richtig Vollgas geben, die letzten Reserven mobilisieren und bis zur körperlichen Erschöpfung gehen. Welche Rolle die Musik dabei genau hat, ist für jede:n anders. Den einen bringt sie auf andere Gedanken, die andere verbindet mit der Musik gute Gefühle oder Erinnerungen. Was auch immer der Hintergrund ist, was zählt ist der positive Effekt auf unser sportliches Handeln.

Um diesen Vorteil auch in deinen Sportstunden nutzen zu können, sollst du nun eine Playlist für deinen Sportunterricht erstellen. Die Auswahl der Lieder ist dabei entscheidend. Beachte dabei deshalb folgende Kriterien.

- **Geschwindigkeit:** Nur schnelle, „anheizende" Lieder sind geeignet.
- **Beat:** Sollte möglichst klar zu hören sein.
- **Text:** Schultauglich! Keine Schimpfwörter etc.
- **Genre:** Eine bunte Mischung z. B. aus Rock, Pop, Electro.
- **Bekanntheit:** Je bekannter und beliebter die Lieder, desto besser.

Wenn du ein Smartphone/Tablet mit Internetzugang hast, kannst du es nutzen, um nach Musiktiteln zu suchen. Wenn nicht, dann musst du wohl einfach so überlegen.

 **Stelle eine Playlist zusammen, die zwischen 15 und 20 Songs enthält.**

Meine Playlist

 **Nutzt du Spotify? Dann erstelle eine Playlist mit deinen Liedern.**

Index nach Sportarten

Bestseller!

Basiswissen für die Klassen 8–10

Theorie im Schulsport

4., überarbeitete und erweiterte Auflage 2018

2018. 16,5 × 24 cm, 272 Seiten
ISBN 978-3-7780-8924-8
Bestell-Nr. 8924 **€ 24.90**
E-Book auf sportfachbuch.de € 19.90

Dirk Frenzel & Frank Bächle

Mit über 200 Aufgaben und über 350 Bildern werden die Schüler an die Sporttheorie herangeführt.
Im Mittelpunkt von **Band 1** stehen der menschliche Körper und der Einfluss von sportlicher Aktivität auf den Sporttreibenden. Des Weiteren wird mit der Darstellung der Trainingslehre und dem Aufbau einer Trainingsstunde den Schülern das selbstständige Organisieren und Durchführen von Trainingsstunden näher gebracht.
Band 2 befasst sich mit der Bewegungslehre, der Sportpsychologie, der Sportgeschichte und mit verschiedenen Themenfeldern des Sports im sozialen Kontext. Des Weiteren werden die Sportorganisation in Deutschland, sowie die Beziehung des Sports zu den Medien, der Wirtschaft und der Politik thematisiert.

3., überarbeitete Auflage 2018

2018. 16,5 × 24 cm, 256 Seiten
ISBN 978-3-7780-8933-0
Bestell-Nr. 8933 **€ 24.90**
E-Book auf sportfachbuch.de € 19.90

Beispielseiten aus Band 1

Trainingslehre

8.5 Welcher Unterschied besteht zwischen einer Belastung und einer Beanspruchung?

Damit jeder Sportler aus dem Eingangsbeispiel von Kapitel 8 individuell richtig belastet wird, muss man sich bewusst machen, dass trotz gleicher Belastung die Beanspruchung der Trainierenden unterschiedlich ausfallen kann. Aus diesem Grund kann es nicht den einen Trainingsplan geben, der für alle in gleichem Maß gilt.

Definition

Belastung (im Sport)
Eine Belastung ist eine **objektive**, d. h. tatsächliche Größe, die auf einen Menschen einwirkt. Die Belastung ist **unabhängig von dem jeweiligen Menschen** (unabhängig von einem Individuum). Die Belastung wird beispielsweise gemessen in Meter oder Kilometer („Streckenlänge"), Minuten („Belastungsdauer"), Kilogramm (zu bewegendes Gewicht), Watt (Leistung, die erbracht werden muss), usw.

Beanspruchung (im Sport)
Die Beanspruchung ist die **subjektive**, das heißt gefühlte Reaktion auf eine Belastung. Man kann auch von **Anstrengung** sprechen. Die Beanspruchung ist somit **individuell** und hängt z. B. vom Trainingszustand, der Motivation usw. ab. Die Beanspruchung kann beispielsweise ermittelt werden durch die Herzfrequenz, die Laktathöhe (Kap. 7.10 und Kap. 8.16) und/oder der individuellen Einschätzung eines Sportlers zu seiner erbrachten Leistung, d. h. dem subjektiven Belastungsempfinden.

Um den Unterschied zwischen einer Belastung und deren Beanspruchung zu verdeutlichen, wird ein Beispiel aus dem Alltag herangezogen.

Abb. 8-24

Eine wahre Geschichte:
Herr Schmid kauft in einem Baumarkt 45 Gehwegplatten aus Beton ein und lädt sie alle in sein Auto. Nach 50 m ist seine Fahrt an der Ausfahrt des Baumarktes zu Ende. Beim Überfahren der niederen Bordsteinkante bleibt er mit Achsbruch der hinteren Achse liegen.

Was war geschehen?

Belastung: Das Auto wurde mit **45 Gehwegplatten belastet**. Das Gesamtgewicht (die Gesamtmasse) aller Gehwegplatten betrug 765 kg.

176

Grundlagen der Trainingslehre

Beanspruchung: Herr Schmid hatte dabei nicht bedacht, dass die maximale Zuladung seines Autos 450 kg beträgt und er die Achsen seines Autos mit den Gehwegplatten **zu sehr beansprucht**.

Hätte Herr Schmid statt eines Autos einen kleinen Lastwagen verwendet, wäre trotz der gleichen Belastung mit 765 kg der Lastwagen nicht überbeansprucht gewesen, da der Lastwagen für eine höhere Beanspruchung ausgelegt ist.

Ein weiteres Beispiel, dieses Mal aus dem Sport, soll den Unterschied weiter verdeutlichen:

Zwei Gewichtheber treten beim Reißen (vgl. Abb. 8-8) gegeneinander an. Gewichtheber A hat eine Körpergröße von 1,90 m und ein Körpergewicht von 115 kg, Gewichtheber B ist 1,70 m groß und 85 kg schwer.

Abb. 8-25

Belastung: Für beide Gewichtheber wird eine Hantelstange mit einer Masse von 165 kg vorbereitet. Somit werden beide Gewichtheber gleich belastet (nämlich mit 165 kg).

Beanspruchung: Während für Gewichtheber A diese Masse kein Problem darstellt, muss Gewichtheber B schon deutlich kämpfen und ist dabei schon fast ausbelastet. Die Beanspruchung fällt somit für Gewichtheber B trotz gleicher Belastung deutlich höher aus.

8.6 Welche Merkmale steuern die Belastung?

Es gibt verschiedene „Stellschrauben" (die sogenannten Belastungsmerkmale), mit denen ein Training sehr schwer oder leicht gestaltet werden kann. Ein Training kann zum Beispiel weniger anstrengend beanspruchend sein, wenn man einem Sportler zwischen den Belastungen viel Zeit zur Erholung lässt.

Aufgabe 8-12
Skizziere weitere Möglichkeiten, die die Belastung während eines Trainings niedriger gestalten oder erhöhen können.

177

Steinwasenstraße 6–8 • 73614 Schorndorf
Telefon (07181) 402-0 • Fax (07181) 402-111
www.hofmann-verlag.de
hofmann@svk.de